도파민 디톡스

도파민 디톡스

The Official
Dopamine Nation Workbook

쾌락과 고통에
지배당한 뇌를
되돌려라

ANNA LEMBKE

애나 렘키 지음 | **고빛샘** 옮김

흐름출판

추천의 글

우리는 지루한 일상과 우리를 불안하게 하는 삶에서 벗어나고 싶어 한다. 그 편린으로부터 멀어지려는 노력 대신, 그것들을 향해 다가가 보면 어떨까? 우리 자신, 그리고 생활을 공유하는 다른 사람들과 평화롭고 조화롭게 지내는 방법을 배워보면 어떨까? 애나 램키는 정신 질환, 쾌락, 고통, 보상, 스트레스를 바라보는 기존의 사고방식을 근본적으로 바꾸는 책을 썼다. 『도파민 디톡스』로 눈을 돌려보라. 이 책을 펼치길 잘했다는 생각이 들 것이다.

● 대니얼 J. 레비틴, 「뉴욕 타임스」 베스트셀러 『정리하는 뇌』, 『석세스 에이징』 저자

중독 위기에 대한 모든 것을 알고 있다고 생각했을 때, 쾌락과 고통의 중추를 지배하는 가장 강력한 화학물질인 도파민에 관한 애나 램키 박사의 책을 만나게 되었다. 과잉 소비와 즉각적인 만족의 시대에 『도파민 네이션』과 『도파민 디톡스』는 새로운 중독으로 인해 치러야 하는 개인적·사회적 대가와 이를 관리하는 방법을 설명한다. 인터넷, 음식, 일, 섹스 등 무엇을 과잉 탐닉하든 상관없다. 이 책은 흥미롭고, 두렵고, 설득력 있으며, 명쾌할 것이다. 애나 램키는 환자들의 이야기를 연구 결과와 엮어 누구나 공감하고 실행할 수 있는 이야기를 들려준다.

● 베스 메이시, 「워싱턴 포스트」 올해 최고의 책(2018), 『마약 중독Dopesick』 저자

이 책은 내가 내담자들에게 자주 듣는 현대인의 중독과 원시적인 두뇌 사이의 교차점을 깊이 통찰한다. 쾌락과 고통 사이에서 건강한 균형을 찾도록 안내하는 애나 렘키의 이야기에는 삶을 변화시키는 힘이 있다.

● 로리 고틀립, 「뉴욕 타임스」 베스트셀러 「마음을 치료하는 법」 저자

휴대폰, 도박, 과자 한 봉지 같이 쉽게 접근할 수 있는 것들에서 얻는 도파민의 쾌감과 건강하고 생산적이며 안정적인 삶 사이의 이분법을 탐구한다.

● 「뉴욕 타임스」

쾌락 추구와 중독을 다룬 놀라운 연구다. 쾌락 과잉 시대에서 균형을 찾고 싶은 독자들은 애나 렘키의 유익하고 매혹적인 안내로 눈을 돌려라.

● 「퍼블리셔스 위클리」 리뷰

놀랍도록 흥미로운 사례 연구에 합리적인 치료 공식이 더해졌다!

● 커커스 리뷰

과잉 자극에 빠진 자신을 마주할 시간

친애하는 한국의 독자 여러분께.

이 책을 한국에 소개할 수 있게 되어 무한한 영광을 느낍니다. 『도파민네이션』이 한국에 출간된 이후, 저는 수많은 한국 독자로부터 감동적인 메시지와 진심 어린 피드백을 받았습니다. 그중에는 술, 담배 같은 전통적인 중독뿐만 아니라, 현대 사회에서 두드러지게 나타나는 디지털 중독을 겪고 있는 분들이 많았습니다. 디지털 중독에는 유튜브 쇼츠, 소셜 미디어, 온라인 포르노, 게임, OTT가 포함되어 있습니다. 디지털 의존 현상이 과도해져 스마트폰 없이는 잠시도 버틸 수 없고 심각한 불안을 호소하는 사례도 적지 않았습니다. 나아가, 날씨를 확인하듯 집착적으로 운세(타로, 사주 등)를 확인하고, 하루를 보내는 데 큰 영향을 받는 분도 있었습니다. 연예인을 추종하고, 연예인 이슈에 과잉 몰두하는 문제를 토로한 분들도 있었습니다. 이렇듯 평소에는 문제로 여기지 않고 쉽게 지나칠 수 있는 과소비 현상에 대하여 다양한 한국의 독자들이 제 이야기에 공감해 주고 이야기를 나누어 주었습니다.

학습과 노동의 강도가 세질수록 쾌락과 고통을 추구하는 사회가 됩니다. 사회가 정의한 '정상' '표준' 등의 기대치를 충족시키기 위해 사람들은 더 열심히 공부하고, 더 많이 일해야 하는데, 이러한 압박은 개인을 중독에 더 취약하게 만듭니다. 현대 사회에서 강박적 과소비는 결코 낯선 문제가 아닙니다. 우리는 매일매일 넘쳐나는 보상과 자극에 둘러싸인 채로 크고 작은 중독에 노출되어 있습니다. 따라서 제가 가장 먼저 들려주고 싶은 이야기는 이것입니다. "당신이 겪고 있는 문제가 오로지 당신의 것만은 아니다." 이 사실을 반드시 기억해야 합니다. 중독은 누구나 겪을 수 있는 보편적인 현상입니다. 다만 그 문제를 어떻게 인식하고, 어떤 방식으로 해결해 나가는지가 삶의 질을 좌우합니다.

『도파민 디톡스』는 중독에서 벗어나는 명확한 해결책을 제시합니다. 강박적인 행동을 관리하고, 문제를 근본적으로 해결하기 위한 체계적인 접근법을 제공합니다. 따라서 더 건강하고 지속 가능한 삶의 방식을 탐구할 수 있는 실질적인 방법에 관해 다루고 있습니다. 저를 포함한 많은 의료 전문가가 이 책이 독자 여러분을 중독적인 행동에서 벗어나게 하고, 삶의 진정한 균형과 평화를 가져오게 할 것으로 확신합니다.

오늘날 우리가 마주한 세계는 엄청난 속도로 변화하고, 새로운 형태의 중독이 끊임없이 등장하고 있습니다. 그만큼 우리는 쾌락과 고통의 늪에 더 쉽고, 깊게 빠지게 되었습니다. 이럴수록 더욱 현명하게 자신을 돌보고, 건강한 선택을 하는 자기결정성을 길러야 합니다. 이 책을 통하여 여러분이 단지 중독을 멈추는 데 그치지 않고, 더 나은 삶에 한 걸음 더 가까워지기를 진심으로 바랍니다.

저는 『도파민 디톡스』가 각자의 삶에 깊은 울림을 줄 것이라 믿습니다. 여러분의 삶에 새로운 균형이 생기고, 건강한 삶을 영위하기 위한 첫걸음 내딛기를 기대하며, 이 책이 그 든든한 동반자가 되기를 소망합니다.

늘 여러분의 건강과 행복을 응원하며.

머리말

쾌락과 고통에 병든 뇌를 되돌려라

전작인 『도파민네이션』을 출간하고 종종 이런 질문을 받았다. "도파민이 우리의 삶을 망가뜨리고 있다면, 우리는 어떻게 대처해야 합니까?" 그 질문이 이 책을 집필하게 했다. 뇌의 보상 경로를 새롭게 만들어 더 풍요로운 삶을 살고자 하는 개인, 부모, 가족, 상담사, 치료사, 교사에게 도움을 주기 위해 썼다. 그런 이유로 이 책을 읽기로 결심한 당신과 함께할 여정이 기대된다.

『도파민 디톡스』의 핵심적인 논리는 '풍요'가 전 세계적인 중독, 우울증, 불안, 자살률 증가에 기여하는 스트레스 요인이라는 것이다. 그 어느 때보다 많은 사람의 기본적인 생존 욕구(의식주)가 충족되고 있다. 가난한 사람들조차 인류 역사상 가장 높은 가

처분 소득, 사치품에 대한 원활한 접근성, 전보다 긴 여가를 누린다(2040년에 미국인의 하루 여가는 7.2시간, 일일 업무 시간은 3.8시간에 이를 것으로 예상된다). 인간 생활의 거의 모든 측면이 더 긍정적인 보상을 주고, 더 접근하기 쉬우며, 더 참신하고, 더 강력하게 설계되었다. 다시 말해 중독성이 강해졌다.

하지만 사람들은 30년 전보다 덜 행복하고, 더 우울하며, 더 불안해한다. 또한 더 젊은 나이에 죽어간다. 전 세계 사망의 70퍼센트는 흡연, 신체 활동 부족, 잘못된 식습관 등 스스로 개선할 수 있는 위험 요소와 관련 있다. 당혹스러운 점은 부유하고, 정신 건강 치료에 대한 접근성이 좋은 나라에 사는 사람일수록 더 불행하고, 우울하고, 불안해한다는 점이다. 이를 **풍요의 역설**이라고 한다.

과잉으로 인한 스트레스 외에도 우리는 정신 건강을 근본적으로 잘못 이해하고 있다. 나는 정신과 의사로 일하면서 삶을 망가뜨리는 우울증과 불안으로 고통받는 환자들을 수없이 보았다. 그리고 시간이 흐를수록 그런 환자가 점점 많아졌다. 그중에는 사랑하는 가족, 훌륭한 교육 환경, 상대적인 부를 갖춘 신체 건강한 젊은이도 많았다. 이들의 문제는 트라우마, 사회적 단절, 빈곤이 아닌 '과잉'이었다. 빠른 쾌락에 끊임없이 노출되면서 우리의 뇌가 변화한 까닭이었다.

저스틴은 극심한 불안과 우울증으로 나를 찾아온 밝고 사려

깊은 20대 초반 남성이었다. 그는 대학을 휴학하고 부모와 함께 살고 있었고, 막연하게 자살 충동을 느꼈으며, 매일 밤늦게까지 비디오 게임을 했다. 20년 전만 해도 이런 환자에게 가장 먼저 내린 처방은 항우울제였다. 지금은 전혀 다른 처방을 내린다. 바로 **도파민 디톡스**다. 나는 저스틴에게 한 달 동안 모든 비디오 게임을 끊어보라고 제안했다.

"네? 제가 왜 그래야 하죠? 비디오 게임은 제 유일한 낙이자 위안이에요."

즐거움을 주는 행위를 할 때 뇌는 보상 신경전달물질neurotransmitter인 도파민을 소량 분비하기 때문에 기분이 좋아진다. 하지만 지난 75년 동안 신경과학 분야에서 밝혀진 가장 중요한 발견은 쾌락과 고통이 뇌의 같은 부위에서 처리되며, 뇌가 균형을 유지하려고 노력한다는 것이다. 균형추가 한 방향으로 기울면 뇌는 신경과학자들이 항상성homeostasis이라고 부르는 중립 상태를 회복하기 위해 반대 방향으로 기울인다.

도파민이 분비되면 뇌는 즉시 자극된 도파민의 수용체 수를 줄이거나 '하향 조절'하여 도파민 증가에 적응한다. 쾌락을 느끼면 뇌는 고통 쪽으로 기울여 균형을 맞춘다. 그래서 보통 쾌락을 느낀 다음에 기분이 가라앉는 후유증을 경험한다. 물론 어느 정도 시간이 지나면 그 느낌은 사라지고 중립 상태가 회복된다. 그러나 사람들은 계속해서 또 다른 쾌락을 얻고 싶어 한다.

매일, 몇 주 또는 몇 달에 걸쳐 이러한 패턴을 유지하면 쾌락에 대한 뇌의 기준점이 바뀐다. 그땐 쾌락을 느끼기 위해서가 아니라 평범한 기분을 유지하기 위해 게임(중독 행동)을 계속해야 한다. 게임을 중단하면 모든 중독 물질과 행동의 보편적인 금단 증상인 불안, 과민성, 불면증, 불쾌감과 다시 쾌락을 얻고 싶다는 집착, 즉 갈망을 경험한다.

쾌락을 끊임없이 추구하다 보면 어떤 쾌락도 느끼지 못하는 **쾌락불감증**anhedonia에 빠진다. 반면 일정 기간 쾌락 물질이나 행동을 절제하면 보상 경로가 재설정되어 쾌락을 느끼는 능력을 되찾는다.

다행히 저스틴은 내 설명을 듣고 납득했고, 한 달 동안 비디오 게임을 끊어보기로 했다. 한 달 후에 다시 만난 저스틴은 수년 만에 기분이 나아졌다고 말했다. 그는 덜 불안해했고 덜 우울해했다. 왜일까? 그가 도파민으로 보상 경로를 폭격하는 것을 멈추자, 그의 뇌는 도파민 분비의 기준치를 회복했다. 저스틴은 자신의 기분이 나아졌다는 사실에 누구보다 놀랐다.

도파민을 쫓으면 원인과 결과를 파악하기 어렵다. 중독된 물질이나 행동에서 벗어나 시간이 흐른 후에야 그 소비가 자신뿐만 아니라 주변 사람들에게까지 영향을 미쳤음을 알 수 있다.

이 과정이 쉽지는 않다. 도파민 디톡스는 어떤 약물, 사람, 상황인지에 따라 강도가 달라진다. 누군가는 그럭저럭할 만한데 누군가는 수영복을 입고 에베레스트를 등반하는 것처럼 힘겨울 수 있다. 그렇기 때문에 계획을 세우고, 한 번에 한 걸음씩 나아가야 하며, 다른 사람들의 지지가 필요하다.

또한 중독성 생태계(모든 것이 약물화druggified된 세상)의 문제는 총체적인 문제다. 우리가 소비하는 강력한 쾌락재pleasure goods를 생산하고 이윤을 창출하는 기업에도 책임이 있다. 학교, 정부를 비롯한 대규모 기관은 건전한 행동을 유도하기 위한 보호 장치와 장려책을 마련할 수 있고, 그렇게 해야만 한다. 하지만 개인이 기업과 정부, 학교가 적절한 대안을 찾고 행동할 때까지 기다리고만 있을 수 없다. 삶이 위험에 처해 있다. 우리는 당장 할 수 있는 일을 해야 한다. 한 명씩 바뀌다 보면 결국 모두가 달라지고 세상이 변한다.

DOPAMINE이라는 머리글자는 대화형 로드맵에 대한 구조적인 틀을 제공한다. 각 장은 각 머리글자를 주제로 한다. 데이터Data, 목표Objectives, 문제Problems, 절제와 금욕주의Abstinence and Asceticism, 마음 챙김Mindfulness, 통찰과 솔직함Insight and radical honesty, 다음 단계Next Steps, 실험Experiment. 이 여덟 가지 프로세스는 누구나 경험할 수 있는 병적인 쾌락과 고통을 더 잘 헤쳐 나갈 수 있도록 돕는다.

일러두기 ─────────

- 이 책의 개인적인 대화들과 이야기들은 인터뷰 대상자들의 사전 동의를 얻어 실렸다. 사생활 보호를 위하여 이름을 비롯한 인구통계학적 세부 정보는 참가자들이 있는 그대로 싣기를 흔쾌히 허락한 경우라도 삭제하고 바꾸었다.

이 책을 읽는 방법

정해진 틀은 없다. 전체 내용을 읽고 다시 처음으로 돌아가 연습해 볼 수 있다. 자신과 밀접한 장을 먼저 읽고, 다른 장을 읽는 것도 괜찮다. 하지만 이 책을 최대한 활용해서 꾸준한 행동 변화를 이끌고 싶다면 다음과 같은 방법을 권한다.

[1] 1장부터 4장까지 읽고 연습 문제를 완료한 후에 4장에서 설명하는 도파민 디톡스를 실천한다.
[2] 도파민 디톡스를 하면서 5장과 6장을 읽는다.
[3] 도파민 디톡스가 끝날 무렵 7장과 8장을 읽는다.

이 책을 어떻게 활용하든 적극적으로 참여해야 한다. 필기할 수 있도록 펜, 연필, 형광펜, 마커, 크레용 등의 도구도 꺼내두기를 바란다. 책에 낙서를 해도 좋다. 떠오르는 생각과 아이디어가 있으면 적어보아라. 중요한 페이지는 찢어서 주머니와 플래너에 넣고 통근 지하철이나 회사에서, 신호등이 빨간불일 때나 엘리베이터를 기다리며 잠깐 읽어도 좋다. 도파민 디톡스의 과정은 신성할지언정 이 책을 어렵고 딱딱하게 여길 필요는 없다. 직접 써서 자신의 것으로 만드는 게 더 중요하다.

디지털 매체로 변환하고 싶다면 마음껏 그렇게 하라. 나를 찾은 한 실리콘 밸리의 엔지니어는 책에 나온 연습 문제를 멋진 스프레드시트로 만들었다. 하지만 나처럼 모니터나 휴대폰 화면에서 벗어나기 위해 노력하고 있다면, 이 책에 직접 써보는 촉각적인 경험을 해보기를 권한다.

마지막으로, 도파민 디톡스를 정해진 기간 내에 완료할 필요는 없다. 각자의 속도에 맞추면 된다. 지나친 완벽주의만 경계하면 된다. 절반만 완벽하게 하는 것보다 완벽하지 않더라도 끝까지 하는 게 낫다. 참여형 항목인 연습 문제를 풀 때도 자기가 이해할 수 있을 정도로만 적으면 된다. 문장이 완전하거나, 문법적으로 정확하거나, 알아보기 쉽게 쓸 필요는 없다. 중요한 점은 아이디어를 기반으로 또 다른 아이디어를 내고, 도파민 디톡스를 완료할 수 있을 정도로 일관되게 정리하는 것이다.

그럼 이제 시작해 보자. 낭비할 시간이 없다. 각자의 삶에 대해 이야기할 차례다.

차 례

1장
—
데이터

 = **Data**

= **Objectives**

= **Problems**

 = **Abstinence and Asceticism**

= **Mindfulness**

= **Insight and Radical Honesty**

= **Next Steps**

 = **Experiment**

DOPAMINE의 D는 **데이터**Data다. 1장에서는 감정이 아닌 사실에 초점을 맞춘다. 물론 감정은 중요하다. 하지만 나중 문제다. 광범위한 의미의 중독은 자신과 타인에게 해를 끼치는 특정 물질이나 행동을 지속적·강박적으로 사용하거나 행하는 것을 말한다. 중독은 다양한 스펙트럼에서 발생한다. 많은 사람이 생명을 위협할 정도는 아니더라도 어떤 형태로든 **강박적 과소비**의 어려움을 겪는다.

먼저, 자신이 원하는 것 또는 의도에 반하는 방식으로 사용하고 있는 것, 건강, 관계 또는 직업적 목표와 기대에 반하는 결과를 초래하는 물질 및 행동을 떠올려 보기를 바란다. 여러 개일 수도 있다. 생각보다 더 많이 사용하고 있을지도 모른다. '내일은 안 해야지'라고 여러 번 다짐했지만, 그런 내일은 오지 않았을지도 모른다. 강박적 과소비의 사용량을 스스로 속이고, 거기에 들인 시간과 비용을 축소해 말하거나 생각했을지도 모른다. 다른 사람들에게 무언가를 너무 많이 사용한다는 지적을 들었을 수도 있다.

술이나 담배처럼 일반적으로 중독성 있다고 여겨지는 물질이나 행동의 범주에 얽매이지 말고 넓게 생각해야 한다. 오늘날 세상은 대체로 더 큰 보상을 주고, 참신하고, 풍부하며, 접근하기 쉽게 설계되었다. 따라서 중독될 수 있는 대상이 무한하다. 가공식품, 소셜 미디어, 비디오 게임, 온라인 쇼핑, 운동, 메시지 등 삶의 곳곳에 자리하고 있으며 끝없이 펼쳐져 있다. 내가 40대 초반에 로맨스 소설에 중독되었던 것처럼 말이다.

사람은 즐거운 자극만큼 혐오스럽고 고통스러운 자극에도 중독된다. 예를 들어, 나는 아이들의 상태에 대한 강박적인 반추 rumination로 어려움을 겪고 있다. 반추는 '씹다'라는 뜻의 라틴어 동사 'rūmināre'에서 유래했으며 생각을 계속해서 되새기는 것이다. 나는 하루에도 몇 시간씩 아이들에 대한 생산적이지 못한 걱정으로 자신과 아이들에게 해를 끼친다. 나에게 끼치는 피해는 내가 실제로 해결할 수 있는 실질적인 문제를 고민하지 않고, 거의 또는 전혀 통제할 수 없는 아이들에 대한 걱정으로 귀중한 시간을 낭비한다는 것이다. 아이들에게 끼치는 해는 아이들의 정서적·육체적 행복을 나의 행복과 동일시하는 공동 의존적인 순환 codependent cycle으로 아이들을 대상화하는 것이다. 나는 아이들에게 괜찮지 않은데도 괜찮아야 한다거나 괜찮아 보여야 한다는 압박을 가한다. 아이들을 걱정하는 일을 일종의 안식처럼 느끼면서 오히려 문제를 만들고 있었다.

강박적 과소비를 경험하는 사람들은 국내 정치, 지구 온난화, 질병, 과거의 트라우마, 실수 등에 대하여 나처럼 강박적이고 방향성 없는 걱정을 호소한다.

열정, 습관, 중독의 차이는 무엇일까? 해당 물질이나 행동이 해를 끼치는지 여부다. 해로움이 항상 즉각적으로 드러나지는 않는다. 다른 사람의 눈에는 뚜렷이 보이지만 당사자는 보지 못할 수 있고, 해로움이 시간을 두고 서서히 누적되어 알아차리지 못하기도 한다. 치료제로 복용하는 약물이나 일, 명성, 돈, 권력처럼 문화적으로 칭송받는 행동은 그 해로움을 감지하기가 더욱 어렵다.

특정 물질이나 행동을 과소비하지 않아도 균형을 유지하려 노력해야 한다. 꾸준한 노력 없이 균형은 쉽게 깨지고 일상생활에 부정적인 영향을 끼친다.

———

'문제 물질 및 행동 파악' 표를 참고하길 바란다. 표에는 약물, 의약품, 미디어, 인터넷, 기술, 타인, 자신의 몸, 운동, 게임, 아드레날린, 음식, 일, 성취, 돈 등 환자들, 독자들 그리고 나에게 수년간 건강하지 못한 영향을 끼친 물질과 행동이 나열되어 있다.

과거 또는 현재에 한 번이라도 어려움을 겪었던 물질이나 행동, 특히 바꾸고 싶은 행동에 표시해 보자. 이 단계를 대충 넘기

연습: 문제 물질 및 행동 파악

(자신에게 해당되는 강박 행동에 체크해 보자.)

약물	의약품	미디어, 인터넷, 기술	타인, 자기 몸	운동, 게임, 아드레날린	음식	일, 성취, 돈
술	오피오이드	동영상 시청	사랑	비디오 게임	설탕	일중독
담배	진정제	SNS, 메시지, 포스팅, 블로그	섹스	스포츠, 지구력 훈련, 부상에도 운동	카페인	수상 경력, 사람들의 인정
마약	각성제	생각 없이 계속 스크롤하기	포르노, 데이트 앱	스포츠 시청	탄산음료	대중 강연
	항우울제 및 기분안정제	웹 서핑, 온라인 뉴스, 논평	자위	스포츠 베팅	지방	SNS 팔로워, 좋아요
	근육이완제	연예인 가십	자해	체스, 카드	소금	아부, 칭찬
	기침 및 감기약	온라인 스포츠	머리카락 뽑기	슬롯머신, 복권	탄수화물, 전분	투자, 주식, 투자금 확인
	두통약	온라인 의학 정보	문신	도둑질, 방화	초가공 식품	보너스
	수면제	온라인 여행 정보	다른 사람 조종	번지 점프, 암벽 등반	폭식	가상화폐
	보충제	온라인 날씨 정보	거짓말	오토바이, 과속, 자동차, 오프로드	폭식 후 토하기	과시용 물질: 자동차, 옷, 집, 시계, 보석
	스테로이드	온라인 쇼핑	걱정	싸움, 분노, 공격, 폭력	절식, 칼로리 계산	승진, 기업, 법률, 학계, 군대

면 안 된다. 반드시 시간을 들여 천천히 자신의 행동을 점검해야 한다. 하나하나 주의를 기울임으로써 자각력이 높아진다. 자각은 변화를 위한 첫걸음이다.

나는 현실 도피형 소설, 무의미한 유튜브 시청, 초콜릿 과다 섭취, 아이들에 대한 걱정이 문제다. 내 환자 라일리는 넷플릭스, 틱톡, 술, 가공식품 과다 섭취로 힘들어했다. 또 다른 환자 앤디는 과도한 운동, 강박적인 칼로리 계산과 식단 제한 때문에 문제를 겪었다. 당신은 어떤가?

앞의 표에서 체크한 물질이나 행동 또는 표에 없어서 추가한 다른 항목들을 다음 쪽 '문제 물질 및 행동 파악' 표로 옮기고, 해당 행동에 적용되는 열에 체크하라. 이 연습은 통제하기 어려운 사용, 행동을 은폐하기 위한 거짓말, 다른 사람들이 알아차린 행동 등 당신의 행동을 더 잘 파악하게 해준다.

———

문제 행동을 파악했다면 빈도와 양에 초점을 맞추어야 한다. 우리는 자연스레 자신의 사용량을 최소화해서 생각하는 경향이 있기 때문에 사용 빈도와 양을 정확히 파악하는 게 중요하다. 약물이나 행동에 몰두할수록 뇌는 더 많이 변화하고 중독의 소용돌이에 휘말릴 확률도 높아진다.

연습: 문제 물질 및 행동 파악

물질 또는 행동	계획한 것보다 더 많이 또는 더 자주 사용	줄이려고 했지만 줄이지 못했거나 계속 사용하기 위한 변명을 찾음	사용하지 않았다고 거짓말하거나 사용량, 빈도를 줄여서 말함	다른 사람들이 내 행동에 대해 언급하거나 우려를 표함

최대한 객관적인 정보를 사용하고 일주일 동안의 평균치를 추정하는 대신 24시간 단위로 나누어 분석하면 훨씬 더 정확하게 계산할 수 있다. 일주일 동안 일일 소비량을 차트로 작성하는 것을 타임라인 추적법Time Line Follow-Back Method이라고 한다. "일주일에 술을 얼마나 마십니까?"라고 묻는 것보다 알코올 소비량을 측정하는 게 더 정확한 소비량을 알 수 있는 방법이다. 이 접근법은 모든 물질과 행동에 대한 강박적 과소비의 임상 치료에서 사용된다.

문제 행동 파악은 인식을 향상시킨다. 향상된 인식은 어떻게 자율성을 강화할까? 전두엽 피질과 관련 있다. 전두엽 피질은 이마 뒤쪽에 있는 커다란 회백질 영역으로, 우리가 이야기를 하거나 미래의 결과를 고려할 때 또는 만족을 지연시키는 상황에서 활성화된다. 전두엽은 뇌 보상 회로의 핵심적인 부분으로, 과잉 소비에 제동을 건다. 다음 쪽에서 전두엽 피질, 측좌핵, 복측피개영역으로 구성된 뇌의 보상 경로를 단순화한 이미지를 볼 수 있다.

자기를 돌아보는 경험은 미래를 위한 로드맵을 제공한다. 자신의 행동을 정확하게 관찰하고 설명하면, 문제 행동들이 마음속 어두운 구석에서 이리저리 튕겨 다닐 때보다 더 나은 정보를 얻는다. 그 과정에서 일어나는 인지 부조화는 낡은 사고 모델과 상충하는데, 그로써 세상이 실제로 어떻게 작동하는지를 알게 되고 더 새롭고 더 나은 모델을 만들게 된다.

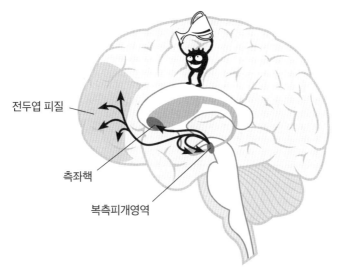

전두엽 피질

측좌핵

복측피개영역

뇌의 도파민 보상 경로

지난 한 주를 떠올려 보라. 중독된 약물을 얼마나 자주, 또 얼마나 많이 사용했는가? 참고로 약물이라는 용어는 우리가 섭취하는 물질과 행동을 모두 포함한다.

디지털 행동이라면, 앱에서 객관적인 데이터를 확인할 수 있다. 우리는 자신의 디지털 사용에 관한 데이터를 확인하지 않으려는 경향이 있다. 데이터는 우리가 머릿속에서 그리고 있는 이야기와는 전혀 다른 이야기를 들려주기 때문이다. 하지만 정확한 데이터를 파악해야 구체적인 개선 방향을 제시할 수 있으므로, 디지털 수치를 확인하고 집계해 보자.

연습: 일주일 동안의 사용량 정량화

(예시: 라일리)

물질 또는 행동	월	화	수	목	금	토	일	일주일 합계
넷플릭스		66분		57분		34분	37분	3시간 14분
틱톡	105분		17분	40분		26분	54분	4시간 2분
술		2잔	2잔	2잔	3잔	4잔	3잔	16잔

예를 들어, 라일리는 디지털 앱을 사용해 사용 시간을 파악하고, 거의 매일 넷플릭스나 틱톡을 시청한다고 기록했다. 또 자신이 일주일 동안 총 16잔의 술을 마셨다는 사실을 알고 놀랐다. 성인에게 권장하는 음주량은 여성은 하루 한 잔 이하(일주일에 총 7잔), 남성은 하루 두 잔 이하(일주일에 총 14잔)다. 어느 기준을 따르더라도 라일리는 건강하지 않은 범위에 속한다. 건강한 사람들은 일주일에 한두 잔 이상의 술을 마시지 않는데, 라일리는 하루에 2.2잔 이상을 꾸준히 마셨다.

이제 당신 차례다. 다음 표를 작성하여 지난주의 각 요일에 대한 사용량과 사용 빈도를 기록해 보길 바란다. 되도록 구체적으로, 정확하게 작성해야 한다.

연습: 일주일 동안의 사용량 정량화

(직접 작성해 보자.)

물질 또는 행동	월	화	수	목	금	토	일	일주일 합계

좋다. 해냈다. 잘 적었다. 잘 끄집어냈다. 숫자에 집중하는 과정은 고통스럽지만, 인식을 향상시키기 위해서는 필수적이다. 언어와 숫자를 사용하여 스스로의 행동을 정확하게 설명하면, 객관적으로 볼 수 없었던 자신을 돌아볼 수 있다. 행동을 인식해야 그에 대해 조처할 수 있다.

———

이제 '일생 도파민 차트'를 작성하여 자기의 행동을 자전적 서사 안에서 맥락화할 차례다. 행동, 습관, 중독을 삶이라는 더 넓은 맥락에서 돌아보면, 얼마나 오랫동안 그런 행동을 해왔는지 인식할 수 있다. 또한 거기에 기여한 환경적 요인들도 이해하게 된다.

강박적 과소비가 항상 스트레스 많은 시기에 발현되지는 않는다. 사람에 따라 다르고 각자의 신경 구조에 따라서도 다르다. 어떤 사람들은 스트레스를 받을 때 더 많이 소비한다. 또 어떤 사람들은 일이 잘 풀릴 때 더 많이 소비한다. 나는 '일이 잘 풀릴 때'에 속한다. 심각한 스트레스로 아드레날린이 분비되면 전투 모드에 돌입해, 덜 먹고 덜 논다. 반면에 일이 잘 풀리면 쉽게 방심한다. 로맨스 소설에 대한 강박적인 독서는 어린아이들을 키우며 겪은 극심한 양육 스트레스가 끝날 무렵부터 시작되었다.

앤디의 일생 도파민 차트를 보면, 운동과 음식에 대한 그의 강

연습: 일생 도파민 차트

(예시: 앤디)

운동, 게임, 아드레날린	나이																												
	5	6	7	8	9	10	11	12	13	14	15	16	17	18	19	20	21	22	23	24	25	26	27	28	29	30	31	32	33
스포츠, 지구력 훈련, 부상에도 운동																													

대학 때문에 동부로 이사, 향수병, 과도한 운동을 대처 전략으로 사용

로스쿨, 계속 강박적으로 운동

연방 법원 서기

스포츠 부상, 팀을 그만두고 혼자 헬스장에서 운동 시작, 처음으로 피트니스와 외모에 집착하게 됨

딸 출생, 로펌 일 시작, 운동 시간으로 아내와 갈등

박적 행동은 16세 무렵에 시작되었다. 당시 고등학교 테니스 팀 소속이었던 그는 부상으로 경기에 참여할 수 없었고, 이를 극복하기 위해 다른 형태의 운동과 제한적인 식이요법으로 눈을 돌렸다. 이런 패턴은 그의 삶 내내 지속되었지만, 특히 31세에서 44세 사이에 심각해졌다. 그 시기에 앤디는 불행한 결혼 생활을 이어가다가 결국 이혼했다. 그가 달라져야겠다고 결심하게 된 동기는 여자친구의 응원과 딸에게 더 좋은 아빠가 되고 싶다는 바람 때문이었다.

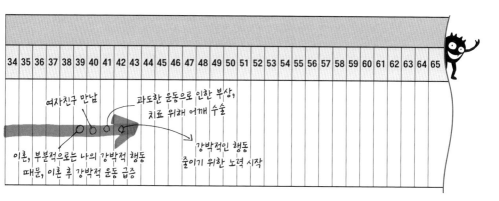

34	35	36	37	38	39	40	41	42	43	44	45	46	47	48	49	50	51	52	53	54	55	56	57	58	59	60	61	62	63	64	65

여자친구 만남

과도한 운동으로 인한 부상,
치료 위해 어깨 수술

이혼, 부분적으로는 나의 강박적 행동
때문, 이혼 후 강박적 운동 급증

강박적인 행동
줄이기 위한 노력 시작

당신 차례다. 다음 쪽의 표에 왼쪽에서 오른쪽 방향으로, 부적
응적인 소모적 행동을 시작한 나이부터 끝난 나이까지, 또는 현
재에도 계속되고 있다면 현재까지의 수평선을 그려보자.

연습: 일생 도파민 차트

(행동이 시작된 나이부터 끝난 나이까지, 현재 진행 중이라면 현재까지 수평선을 그리자.)

나이

약물	5	6	7	8	9	10	11	12	13	14	15	16	17	18	19	20	21	22	23	24	25	26	27	28	29	30	31	32	33
술																													
담배																													
마약																													

의약품	5	6	7	8	9	10	11	12	13	14	15	16	17	18	19	20	21	22	23	24	25	26	27	28	29	30	31	32	33
오피오이드																													
진정제																													
각성제																													
항우울제 및 기분안정제																													
근육이완제																													
기침 및 감기약																													
두통약																													
수면제																													
보충제																													
스테로이드																													

미디어, 인터넷, 기술	5	6	7	8	9	10	11	12	13	14	15	16	17	18	19	20	21	22	23	24	25	26	27	28	29	30	31	32	33
동영상 시청																													
SNS, 메시지, 포스팅, 블로그																													
생각 없이 계속 스크롤하기																													
웹 서핑, 온라인 뉴스,논평																													
연예인 가십																													
온라인 스포츠																													
온라인 의학 정보																													
온라인 여행 정보																													
온라인 날씨 정보																													
온라인 쇼핑																													

34	35	36	37	38	39	40	41	42	43	44	45	46	47	48	49	50	51	52	53	54	55	56	57	58	59	60	61	62	63	64	65

34	35	36	37	38	39	40	41	42	43	44	45	46	47	48	49	50	51	52	53	54	55	56	57	58	59	60	61	62	63	64	65

34	35	36	37	38	39	40	41	42	43	44	45	46	47	48	49	50	51	52	53	54	55	56	57	58	59	60	61	62	63	64	65

다른 사람, 내 몸	5	6	7	8	9	10	11	12	13	14	15	16	17	18	19	20	21	22	23	24	25	26	27	28	29	30	31	32	33
사랑																													
섹스																													
포르노, 데이트 앱																													
자위																													
자해																													
머리 뽑기																													
문신																													
다른 사람 조종																													
거짓말																													
걱정																													
운동, 게임, 아드레날린	5	6	7	8	9	10	11	12	13	14	15	16	17	18	19	20	21	22	23	24	25	26	27	28	29	30	31	32	33
비디오 게임																													
스포츠, 지구력 훈련, 부상에도 운동																													
스포츠 시청																													
스포츠 베팅																													
체스, 카드																													
슬롯머신, 복권																													
도둑질, 방화																													
번지 점프, 암벽 등반																													
오토바이, 과속, 자동차, 오프로드																													
싸움, 분노, 공격, 폭력																													

34	35	36	37	38	39	40	41	42	43	44	45	46	47	48	49	50	51	52	53	54	55	56	57	58	59	60	61	62	63	64	65

34	35	36	37	38	39	40	41	42	43	44	45	46	47	48	49	50	51	52	53	54	55	56	57	58	59	60	61	62	63	64	65

음식	5	6	7	8	9	10	11	12	13	14	15	16	17	18	19	20	21	22	23	24	25	26	27	28	29	30	31	32	33
설탕																													
카페인																													
탄산음료																													
지방																													
소금																													
탄수화물, 전분																													
초가공 식품																													
폭식																													
폭식 후 토하기																													
절식, 칼로리 계산																													

일, 성취, 돈	5	6	7	8	9	10	11	12	13	14	15	16	17	18	19	20	21	22	23	24	25	26	27	28	29	30	31	32	33
사랑																													
일중독																													
수상 경력, 사람들의 인정																													
대중 강연																													
SNS 팔로워, 좋아요																													
아부, 칭찬																													
투자, 주식, 투자금 확인																													
가상화폐																													
과시용 물질: 자동차, 옷, 집, 시계, 보석																													
승진, 기업, 법률, 학계, 군대																													

34	35	36	37	38	39	40	41	42	43	44	45	46	47	48	49	50	51	52	53	54	55	56	57	58	59	60	61	62	63	64	65

34	35	36	37	38	39	40	41	42	43	44	45	46	47	48	49	50	51	52	53	54	55	56	57	58	59	60	61	62	63	64	65

같은 표에 소모적 행동이 더 나빠지거나 나아지게 만든 고통스러웠던 시기나 사건, 특히 행복했던 시기를 표시하라. 어떤 패턴이 보이는가? 인생이 잘 풀리고 압박감이 완화될 때 또는 상황이 좋지 않고 압박감이 커질 때 부적응적인 방식으로 소비를 했는가? 금욕했거나 건강하게 절제한 기간이 있었다면 비결은 무엇이었는가?

———

우리는 미래를 내다보고 미래의 어떤 시점에 무엇을 하고 싶은지 상상하거나, 과거로 돌아가 무엇을 잃어버렸는지 살피는 것처럼 장기적으로 사고할 때 강박적 과소비의 해로움을 더 잘 이해할 수 있다. 중독된 약물을 사용하는 데 들인 시간, 즉 기회비용 때문에 미묘하게 누적된 피해를 인식하게 된다. 길게 볼수록 잘 볼 수 있다. **후회 원칙**regret principle*은 기회비용을 반영하는 방법 중 하나다. 자기에게 이렇게 물어보길 바란다.

"하루 혹은 일주일이 끝나는 시점에 냉철하게 되돌아보았을 때, 시간을 들여 후회되는 일이 무엇인가?"

---

* 이 아이디어를 제공해 준 동료 스티븐 마이클 크레인에게 감사를 전한다.

연습: 후회 원칙

(예시: 앤디)

나는 강박적으로 과도하게 운동하고 식이 제한을 하며 허비한 시간,

스스로 초래한 영구적일 신체 부상, 내 딸에게 건강한 본보기가 되지

못한 것을 후회한다. 중독 행동으로 내가 느낀 수치심과 절망감도

후회한다. 나는 배려심 있는 좋은 친구들로부터 나를 고립시키고, 내

운동 루틴을 아내보다 우선시해 아내에게 상처를 주었다. 이로 인해

우리 부부는 계속 갈등했고, 나쁜 감정이 남았다.

_____

_____

_____

몇 분 동안 자신과 타인에게 해를 끼친 소모적인 행동 패턴을 떠올리고, 후회하는 이유를 적어보길 바란다. 후회는 고통스럽다. 하지만 당신이 변화하도록 동기 부여해 줄 정보로 가득하다.

연습: 후회 원칙

(직접 작성해 보자.)

요약 ———

- 약물화된 현대 사회에서 너무 많이, 또 자주 사용하는 물질과 행동을 살펴보았다.
- 전두엽 피질은 자기 행동에 대한 인식을 향상시킨다. 인식이 향상되면 행동을 바꿀 수 있는 가능성이 높아진다.
- 일주일 동안 행한 강박적 과소비의 양과 빈도를 기록하면 객관적으로 얼마나 중독되었는지를 확인할 수 있다.
- 전체적인 삶의 맥락에서 소비 행동을 돌아보면 강박적 과소비를 유발하고 또 이를 개선하는 데 도움을 주는 패턴을 찾을 수 있다.
- 하루 혹은 일주일이 끝나는 시점에 냉철하게 돌아보면 언제 시간을 허비했는지 알게 된다. 후회되는 행동을 확인하고 장기적으로 사고할 때 강박적 과소비의 해로움을 잘 이해하게 된다.

미래를 내다보고 무엇을 하고 싶은지 상상하거나, 과거로 돌아가 무엇을 잃어버렸는지 살피는 것처럼 장기적으로 사고할 때 강박적 과소비의 해로움을 잘 이해하게 된다. 1장에서는 후회 원칙을 살펴보았다. 하루 혹은 일주일이 끝나는 시점에 냉철하게 되돌아보았을 때, 시간을 허비한 것이 후회되는 행동을 확인했다. 이제 단순한 사실을 넘어 가장 중요한 감정을 살펴보려 한다. 2장에서는 왜 특정 행동을 하는지, 그 행동에 관해 뇌가 무엇을 말하는지, 그리고 강박적 과소비와 관련하여 왜 항상 감정을 신뢰할 수 없는지 살펴보겠다.

2장

목표

 D = Data

 O = **Objectives**

P = Problems

 A = Abstinence and Asceticism

 M = Mindfulness

I = Insight and Radical Honesty

N = Next Steps

 E = Experiment

DOPAMINE의 O는 **목표**Objective다. 2장에서는 우리가 무엇을 소비하는지를 넘어, 왜 소비하는지를 다룬다. 중독 물질이나 행동은 절대 우리가 기대하는 바를 이루어주지 않는다. 처음에는 기대를 충족해 주는 것처럼 보이겠지만 머지않아 그렇지 않다는 사실을 알게 된다. 우리가 그 물질이나 행동을 사용하려는 목적과 실제로 얻게 되는 결과가 다르다는 사실을 이해하려면 신중히 분석해야 한다.

내 임상 경험과 개인적 경험에 따르면 중독 물질이나 행동을 시작하는 이유는 크게 두 가지로 나뉜다. 하나는 즐거움을 위해서, 또 하나는 문제 해결을 위해서다. 비합리적인 행동조차 그 이면에는 합리적인 근거가 있다.

'강박적 과소비의 이유' 표에는 사람들이 특정 물질과 행동을 사용하는 일반적인 원인이 나와 있다. 적용되는 항목이 있는지 살펴보고, 해당하는 이유가 없다면 직접 추가하길 바란다.

연습: 강박적 과소비의 이유

(자신에게 해당되는 항목에 표시하자.)

즐기고, 오락하고, 재창조하기 위해	사교성 증대를 위해	적응하기 위해 (또래 압력 및 조직 문화)	주목받기 위해	지루함을 없애기 위해
능력 향상을 위해	생산성 증대를 위해	집중력을 강화하기 위해	피로를 완화하기 위해	신체적 고통을 줄이기 위해
불안 치료를 위해	우울증 치료를 위해	수면을 위해	감정을 멈추고, 무감각해지고, 분리되기 위해	무언가 느끼기 위해
영적 경험을 위해	잊기 위해	기억하기 위해	창의력을 높이기 위해	통제력을 느끼기 위해

앤디는 과도하게 운동하고 식이를 조절한다. 그는 자신이 중독된 이유에 대해 이렇게 말했다.

연습: 강박적 과소비의 이유

(예시: 앤디)

1. 남들에게 근육질의 몸매를 가진 탄탄하고 날씬하며 매력적인 사람
   으로 보이고 싶다.

2. 신체적인 능력이 뛰어나고 강한 사람처럼 보이고 싶다.
   또한 스스로가 뛰어나고 강하다고 느끼고 싶다.

3. 마라톤처럼 힘든 운동 경험을 다른 사람에게 자랑하기 위해서다.
   더하여 내가 다른 사람보다 성실하고 고통을 잘 견딘다는 느낌을
   받고 싶다.

이제 잠시 시간을 내어 부적응적인 소비 행동에 대한 목표 세 가지를 적어보자.

연습: 강박적 과소비의 이유

(직접 작성해 보자.)

1.

_____

_____

_____

_____

2.
_____

_____

_____

_____

3.
_____

_____

_____

_____

_____

_____

———

강박적 과소비에 빠지는 이유를 성찰하면, 그 행위가 기대하는 바를 충족해 주는지 알 수 있다. 놀라지 마라. 강력한 보상을 주는 물질과 행동으로 특정한 결과를 얻는다는 주관적인 '느낌'을 받을 순 있다. 하지만 실제로 대부분 기대한 목표를 달성하지 못한다. 다시 말해, 일어나고 있다고 느끼는 일이 실제로는 일어나지 않을 수 있다. 앤디는 본인이 성실하고 고통을 잘 견디는 사람이라는 사실을 증명하고 싶어 했지만, 그가 얻은 것은 심각한 부상과 이혼이었다.

주관적 현실과 객관적 현실 사이의 간극은 시간을 들여 성찰해야 한다. 자기에게 솔직하고, 다른 사람의 진솔한 피드백을 받아들일 수 있다면 그 차이를 알 수 있다. 물론 그럴 때조차 진실을 보지 못할 수 있기 때문에 충분한 시간 동안 강박적 과소비를 멈추어야 한다. 4장에서 논의할 도파민 디톡스를 통해 보상 경로를 재설정하는 것만이 주관적 현실과 객관적 현실의 차이를 인식할 수 있는 유일한 방법이다.

나는 아이들을 강박적으로 걱정할 때 내가 더 나은 엄마가 된 것 같았다. 아이들을 걱정하면 아이들에게 나쁜 일이 일어나지 않도록 막을 수 있다고 믿었다. 당연히 사실이 아니었지만 정말 그렇게 생각했다. 시간을 들여 내가 바라보는 주관적 현실과 객관적 현실을 고민한 뒤에야 아이들을 향한 내 강박적 걱정의 진실을 깨달았다.

성찰하는 시간을 보낸 후에 아이들에게 솔직한 의견을 물었다. 아이들은 내가 그들을 걱정할 때마다 불안했다고 말했다. 나는 아이들을 효과적으로 돕지 못한 채로 나 자신만을 강화하고 있었다. 결과적으로 아이들은 생활 속에서 일어나는 일들을 나에게 덜 이야기하게 되었다. 무슨 말을 해도 과하게 걱정하는 엄마를 도리어 아이들이 걱정한 것이다. 항상 불안해하는 사람과 함께하는 것은 당연히 썩 유쾌하지 않다.

다른 예도 있다. 내 환자 중에는 매일 대마초를 피우는 사람이 있었다. 그는 대마초가 창의성 증진에 도움이 된다고 말했다. 나는 대마초를 피우는 수많은 환자에게 수년 동안 이런 이야기를 여러 차례 들었다. 나는 그가 대마초 사용 경험을 찬찬히 들여다볼 수 있도록 도왔다. 머지않아 그는 '대마초를 하면 창의력이 높아진다'는 감각이 그저 '느낌'일 뿐임을 깨달았다. 대마초에 취해 있을 때 그다지 많은 작품을 창조하지 않았다는 사실을 깨달았기 때문이다. 사실 그가 자랑스러워한 작품은 대마초를 피우지 않은 상태로 오랜 시간 공들여 작업해 만든 것이었다.

위 사례의 환자는 본인이 중독된 물질을 철저히 분석함으로써 객관화했다. 이렇듯 원하는 목표가 무엇인지, 우리가 사용하는 물질 및 행동의 결과는 무엇인지 살펴보면 객관적인 사실에 가까워질 수 있다.

'목표, 결과, 간극'의 표에 중독성 물질이나 행동을 사용한 특정 사례를 나열하고 간략히 설명해 보자. 본인이 의미를 알 수 있을 만큼만 간단히 적어도 된다. 그다음, 달성하고자 했던 목표와 실제로 일어난 일 사이의 차이를 살펴보라. 그 물질을 사용하거나 그런 행동을 하게 된 생각, 감정, 의도는 무엇이었는가? 그 물질을 사용하거나 행동해서 어떤 결과를 얻었는가? 의도와 결과 사이에 어떤 간극이 있었는가?

예를 들어, 또 다른 환자 라일리는 "화요일에 집에서 유튜브 동영상을 너무 많이 보았다"라고 적었다. 라일리는 그런 행동을

연습: 목표, 결과, 간극

(예시: 라일리)

사용의 구체적인 예시: 날짜, 시간, 장소, 사용한 것	물질이나 행동을 사용하게 한 생각, 감정, 의도	물질이나 행동을 사용한 실제 결과	의도와 결과 사이의 간극
화요일에 집에서 유튜브 동영상을 너무 많이 보았다.	그때 내가 만나던 사람이 나와 헤어지고 싶어 하는 것 같다는 짐작에서 비롯된 불편한 감정(직감)을 피하고 싶었다.	허무하고 무감각했다. 불편한 감정은 나에게로 다시 돌아왔다.	나는 불편한 감정을 완화하고 회피하기 위해 유튜브 동영상을 계속 보았지만 연인이 나와 헤어지고 싶어 할 거라는 불안은 사라지지 않았다.

유발한 생각, 감정, 의도에 대해 이렇게 서술했다. "그때 내가 만나던 사람이 나와 헤어지고 싶어 하는 것 같다는 짐작에서 비롯된 불편한 감정(직감)을 피하고 싶었다." 실제 결과에 대해 라일리는 이렇게 적었다. "허무하고 무감각했다. 그 불편한 감정은 나에게로 다시 돌아왔다." 의도와 결과 사이의 간극에 대해 라일리는 이렇게 적었다. "나는 불편한 감정을 완화하고 회피하기 위해 유튜브 동영상을 계속 보았지만 연인이 나와 헤어지고 싶어 할 거라는 불안은 사라지지 않았다."

라일리는 이별이 임박했다는 느낌을 회피하기 위해 유튜브 동영상을 '과도하게' 시청했다. 라일리가 유튜브 동영상에 몰입하는 행위는 일시적으로 효과가 있었지만, 불편한 감정이 사라지지는 않았다. 어떤 간극이 있었는가? 라일리는 불편한 감정을 회피하려고 시도했다. 하지만 결과적으로는 연인이 자기와 헤어지고 싶어 한다는 불안은 그대로 남아 있었다.

다른 사례도 있다. 앤디는 지나친 운동으로 어깨를 다쳐 수술까지 받았다. 하지만 회복 단계에서 "수술 전에 운동하던 수준의 통제감을 되찾기 위해 무리하게 운동했다". 결국 과도한 운동으로 인해 앤디는 또 다른 부상을 입었고 "몸을 더 통제하기 힘들어"졌다. 더욱 강해져서 자신감을 얻고 싶었던 앤디의 목표는 정반대의 결과를 낳았다. "몸이 준비되지 않았는데도 무거운 중량의 운동 기구를 들어올리기 위해" 자신을 강하게 밀어붙였으나,

연습: 목표, 결과, 간극

(예시: 앤디)

사용의 구체적인 예시: 날짜, 시간, 장소, 사용한 것	물질이나 행동을 사용하게 한 생각, 감정, 의도	물질이나 행동을 사용한 실제 결과	의도와 결과 사이의 간극
12월 15일, 오전 5시 45분	수술한 어깨가 좋아지고 있는 것 같아서 수술 전에 운동하던 수준의 통제감을 되찾기 위해 무리하게 운동했다.	햄스트링이 당겨져서 지난 이틀 동안 통증이 있었다. 그로 인해 몸을 더 통제하기 힘들어져서 후회했다.	내 몸이 준비되지 않았는데도 무거운 중량의 운동 기구를 들어올리기 위해 나를 강하게 밀어붙였다. 그로 인해 나는 더 위축되었고 부상이 더 심해졌고 내가 어리석게 느껴졌다.

앤디에게 남은 것은 햄스트링 부상뿐이었다. 어깨 부상에 햄스트링 부상까지 더해지자 회복이 늦어질 수밖에 없었고 앤디는 더 위축되었다.

당신은 어떤가? 다음의 표에 원하는 결과와 현실 사이에 어떤 간극이 있었는지 적어보길 바란다.

연습: 목표, 결과, 간극

(직접 작성해 보자.)

사용의 구체적인 예시: 날짜, 시간, 장소, 사용한 것	물질이나 행동을 사용하게 한 생각, 감정, 의도	물질이나 행동을 사용한 실제 결과	의도와 결과 사이의 간극

요약 ———

- 특정한 강화 물질을 사용하거나 특정 행동을 하게 되는 목적을 살펴 보면 자기를 정확히 볼 수 있다.
- 강박적 과소비를 하게 한 구체적인 목표와 구체적인 사례를 연결해 분석 방법을 살펴보았다.
- 사용 목적과 실제 결과 사이의 간극에 대해 성찰했다.

  3장에서는 강박적 과소비와 관련된 문제와 갈망, 금단 증상, 의 존성을 유발하는 뇌의 작용을 살펴보려 한다.

3장

—

문제

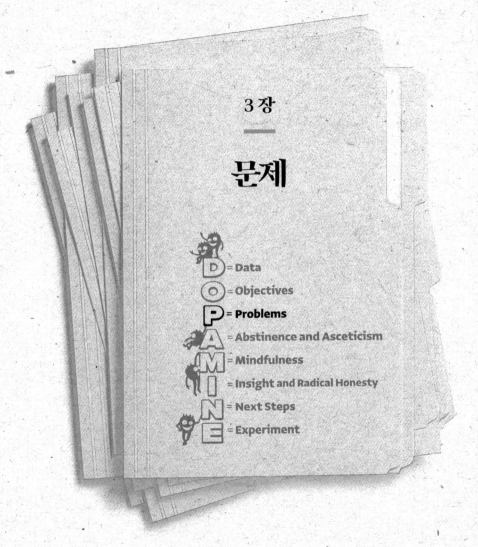

D = Data
O = Objectives
P = **Problems**
A = Abstinence and Asceticism
M = Mindfulness
I = Insight and Radical Honesty
N = Next Steps
E = Experiment

DOPAMINE의 P는 **문제**Problem다. 문제는 중독 물질이나 행동을 반복적으로, 강박적으로, 과도하게 사용할 때 발생한다. 3장에서는 강력한 강화 물질과 행동에 반복적으로 노출되었을 때 우리 뇌에 어떤 일이 일어나는지 집중적으로 살펴본다. 이를 위해 '쾌락과 고통의 균형'이라는 확장된 은유를 사용해, 신경 적응neuroadaptation과 항상성을 설명할 것이다. 그다음으로는 크고 작은 만성적 강화 요인이 개인뿐 아니라 인류 전체와 지구적 차원에서 정신 건강에 미치는 영향을 알아본다. 앞서 언급했듯, 나는 이것을 **풍요의 역설**이라고 부른다.

————

강화 요인이 되는 물질이나 행동에 과도하게 몰두하면 여러 문제가 발생한다. 그중에서도 가장 중요한 문제는 신경 적응이다. 신경 적응은 보상을 주는 물질과 행동에 반응하여 뇌가 시간의 흐름에 따라 달라지는 방식이다. 쉽게 말해, 쾌락을 추구할수록 쾌락에 익숙해져서 더 큰 쾌락을 요하게 된다. 쾌락에 익숙해진 뇌는 작동을 멈추거나 우리가 기대하거나 희망했던 것과는 정반대로 작동하기도 한다. 앞서 나는 이를 두고 원하는 결과와 현실 사이의 '간극'이라고 표현했다.

그렇다면 뇌에서는 파괴적인 행동의 순환 과정이 어떻게 유발될까? 뇌의 주요 기능 세포는 뉴런neuron이라고 불린다. 뉴런은 시냅스의 전기 신호와 신경전달물질을 통해 서로 소통한다. 신경전달물질은 야구공과 같다. 투수는 시냅스 전presynaptic 뉴런이고, 포수는 시냅스 후postsynaptic 뉴런이다. 투수와 포수 사이의 공간은 시냅스 틈새synaptic cleft다. 공이 투수와 포수 사이에서 던져지는 것처럼, 신경전달물질은 뉴런 사이를 오가는 일종의 화학적 메신저다. 신경전달물질은 시냅스 후 뉴런이 신호를 발화할 가능성을 높이거나 낮추어 뇌의 전기 신호를 조절하며, 이 과정을 통해 연속적으로 연결된 뉴런들에 영향을 준다.

수많은 신경전달물질 중 하나가 도파민이다. 도파민은 인간 뇌의 신경전달물질로 1957년에 처음 발견되었다. 이는 스웨덴과 영국에서 두 명의 과학자가 따로따로 확인한 결과였다. 스웨덴 룬드에서는 아르비드 칼손Arvid Carlsson이, 영국 런던에서는 캐슬린 몬터규Kathleen Montagu가 그 주인공이었다.

보상 경로로 알려진 뇌 부위인 복측피개영역, 측좌핵, 전두엽

시냅스 전 뉴런

도파민

도파민 수용체

시냅스 후 뉴런

피질에는 도파민을 분비하는 뉴런이 풍부하게 존재한다(30쪽 '뇌의 도파민 보상 경로' 그림 참조). 도파민이 보상 처리에 관여하는 유일한 신경전달물질은 아니다. 하지만 신경과학자들 대부분이 도파민이 가장 중요한 신경전달물질이라는 데 동의한다. 도파민은 '보상 자체의 쾌락'보다는 '보상을 얻기 위해 동기를 부여하는 과정'에 더 큰 영향력을 발휘한다. 즉, 우리는 단순히 좋아하는 것 이상으로 더 많은 것을 원한다.

도파민이 끼치는 영향을 설명하기에 쥐는 좋은 예시다. 쥐는 유전자 조작으로 도파민을 만들 수 없어서 음식을 입안에 넣어주면 맛있게 먹는 것처럼 보이지만, 음식을 조금이라도 멀리 놓으면 굶어 죽는다. 음식을 코앞에 놓아도 음식을 찾지 못하고 굶어 죽고 만다. 쥐를 통해 알 수 있듯이 도파민이 없으면 생존에 필요

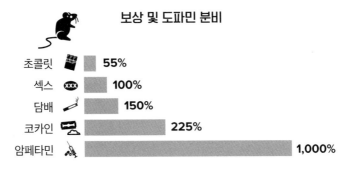

보상 및 도파민 분비

초콜릿		55%
섹스		100%
담배		150%
코카인		225%
암페타민		1,000%

한 물질을 얻기 위해 노력할 동기가 생기지 않는다.

　보상 경로에는 도파민을 분비하는 기준선이 존재한다. 기준선 위아래의 편차는 쾌락 및 고통의 경험과 관련이 있다. 어떤 물질이나 행동이 더 많은 도파민을 분비하게 할수록, 도파민이 더 빨리 분비될수록 그 물질과 행동에 더 중독된다. 그렇다고 도파민 분비를 유발하는 물질들에 실제로 도파민이 함유되어 있다는 뜻은 아니다. 대신 그 물질들이 뇌의 보상 경로에서 도파민 분비를 촉진시킨다.

　상자 속 쥐를 대상으로 할 경우, 초콜릿은 뇌의 기본 도파민 분비를 55퍼센트 늘리고, 섹스는 100퍼센트, 코카인은 225퍼센트 늘린다. 암페타민amphetamine은 주의력결핍장애를 치료하는 데 쓰이는 애더럴adderall 같은 법적 허용 약품뿐 아니라 '스피드', '아이스', '샤부' 같은 길거리 마약에도 들어 있는 성분이다. 이 암페타민은 무려 도파민 분비량을 1,000퍼센트까지 늘린다.

도파민 분비가 전부는 아니다. 유전, 성장 배경, 환경 등 다양한 요소들이 인간이나 쥐가 특정 물질이나 행동에 중독될지 안 될지 결정한다. 그럼에도 불구하고 도파민은 보상 메커니즘을 측정하는 보편적 척도가 되었다.

———

중독될 때 뇌에서는 어떤 일이 일어날까? 중독을 이해하려면 **항상성**을 이해해야 한다. 당신의 보상 경로에 놀이터의 시소 같은 저울이 있다고 상상해 보라. 이 저울은 우리가 쾌락과 고통을 어떻게 처리하는지를 단순하게 보여준다. 아무도 타지 않고, 또 움직이지 않는 상태에서 시소는 지면과 수평을 이룬다. 보상 경로의 저울도 마찬가지인데, 이것이 신경과학자들이 말하는 항상성 상태다.

저울

쾌락   고통

우리가 쾌락을 느낄 때 저울은 한쪽으로 기울어진다. 우리가 고통을 느낄 때 저울은 반대쪽으로 기울어진다.

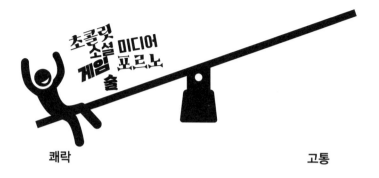

쾌락   **고통**

저울에는 몇 가지 중요한 원칙이 적용된다. 가장 중요한 첫 번째 원칙은 '저울이 평형 상태를 유지하려 한다'는 것이다. 뇌는 한쪽으로 기울어진 상태를 좋아하지 않는다. 따라서 중립에서 조금이라도 벗어나면 균형을 회복하기 위해 열심히 노력한다. 문제는 어떻게 하느냐이다.

뇌는 초기 자극과 동일한 양을 사용해 반대 방향으로 기울여서 중립을 회복한다. 나는 이런 자기 조절 시스템을 그렘린 gremlin*들이 저울을 평형 상태로 만들기 위해 고통 쪽에 올라타는 모습으로 상상한다.

그렘린들은 균형 상태를 좋아한다. 그러나 수평이 된 후에도 저울에서 내려가지 않는다. 저울이 반대 방향, 즉 고통 쪽으로 똑같이 기울어질 때까지 자리를 지킨다.

---

*   도구나 기계에 악영향을 미친다는 환상 속 존재.

그렘린들은 무의식적으로 중독 물질이나 행동을 다시 소비하고 싶게 만든다. '후유증과 침체'의 반대 과정 메커니즘이다. 특히 '침체'는 중독 물질이나 행동을 갈망하게 만든다. 그 순간을 잘 견뎌서 충분한 시간이 흐르면 고통의 저울에 있던 그렘린들이 사라지면서 균형이 회복된다.

하지만 기다리지 않는다면? 만약 우리가 중독된 약물과 행동을 몇 시간, 며칠, 몇 주, 몇 달 혹은 몇 년 동안 계속해서 소비하

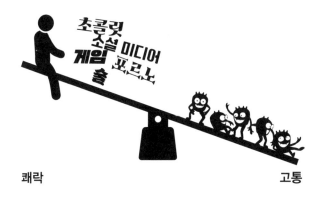

쾌락   고통

면 어떻게 될까? 그렘린들이 점점 늘어난다. 곧 떼로 늘어난 그렘린들이 자동차와 바비큐 그릴까지 가져와 고통의 저울 한쪽에 진을 치고 자리 잡을 것이다. 저울은 완전히 고통 쪽으로 기운다.

이때 뇌는 중독 상태가 된다. 저울의 기준점이 쾌락과 기쁨에서 고통으로 바뀐다. 그렇게 되면 기분이 좋아지기 위해서가 아니라, 기분이 나빠지지 않기 위해 중독 물질이나 행동을 사용해야 한다. 그렇지 않으면 모든 중독 물질이나 행동에서 나타나는 보편적인 금단 증상, 즉 불안, 짜증, 불면, 불쾌감, 갈망을 경험한다. 아무것도 하지 않으면 기분이 나빠진다.

변화된 쾌락의 기준점을 신경과학자들은 생체 적응allostasis이라고 부른다. 생체 적응은 사람들이 중독 물질을 사용하지 않아도 삶이 나아질 수 있다는 사실을 인식하면서도 자꾸 중독 물질을 찾게 되는 이유를 일부분 설명한다.

생체 적응을 그래픽으로 표현한 71쪽 그림을 보면 이해하기

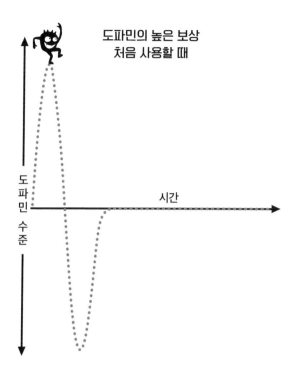

도파민의 높은 보상
처음 사용할 때

도파민 수준

시간

더 쉽다. 중독을 유발하는 강화 물질이나 행동에 처음 노출되었을 때 도파민 분비는 기준선 이상으로 증가한다. 도파민 분비의 증가는 어떤 형태로든 보상을 느끼게 한다. 머지않아 도파민이 기준선을 훨씬 넘어서게 되면 순식간에 아래로 툭 떨어지는 자유낙하free fall를 경험한다.

같거나 유사한 보상에 반복적으로 노출되면 도파민의 초기 상승 반응은 점점 약해지고 짧게 지속된다. 반면 이후의 반응은 점

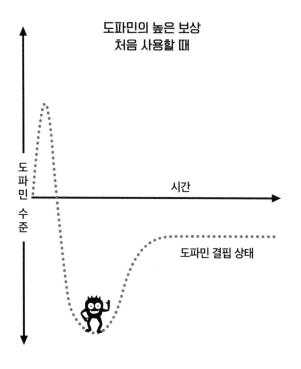

도파민의 높은 보상
처음 사용할 때

시간

도파민 수준

도파민 결핍 상태

점 세지고 오래 지속된다. 이는 부분적으로 시냅스 후 도파민 수용체의 하향 조절 때문에 발생한다. 그럼 도파민 결핍 상태에 빠진다. 같은 효과를 얻으려면 더 강력한 형태와 더 많은 양의 중독 물질이나 행동이 필요해진다. 내성이 생긴 것이다. 중독 물질이나 행동을 사용하지 않을 때는 신체적·심리적 금단 현상 때문에 다시 사용하고 싶은 욕구에 사로잡힌다.

왜 우리는 쾌락을 경험한 후에 반드시 고통을 경험하게 될까? 자연의 섭리일까, 자연의 잔인한 장난일까?

대자연은 잔인하지 않다. 다만 시대보다 조금 뒤처졌을 뿐이다. '쾌락-고통의 저울'은 자원은 부족하면서 위험은 넘치는 세상, 즉 인류가 살아온 과거의 세상에 완벽하게 적응했다. 그런 세상에서는 가진 것에 절대 만족하지 않고, 항상 더 많은 것을 원해야만 생존하고 번성할 수 있었다.

바로 그게 문제다. 우린 더 이상 그런 세상에 살고 있지 않다. 자원이 부족했던 세상은 압도적인 풍요의 공간이 되었다. 메시지, 트위터(현재 'X'), 전자담배, 화상 채팅, 대마초, 닥터 쇼핑doctor shopping* 등 과거에는 존재하지 않았던 강력한 물질과 행동에 대한 접근성이 좋아졌다. 우리 모두 잠재적인 중독자가 되었다. 24시간 온라인 상태인 세대에게 스마트폰은 디지털 도파민을 전달하는 피하주사 바늘이다. 지금 당신이 중독 물질에 노출되지 않았더라도, 곧 가까운 웹사이트에서 그 대상을 만날 수 있다. 그 결과 더 많은 보상이 있어야만 쾌락을 느끼고, 아주 작은 자극에

---

* 환자가 자신의 병에 대한 의사의 진단을 신뢰할 수 없어 여러 병원을 방문하며 과잉 진료를 받는 것.

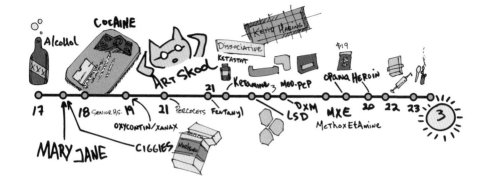

도 고통을 느낀다.

　다음 그림은 맥스라는 환자의 나이별 마약 사용을 나타낸다. 그는 열일곱 살에 술, 담배, 대마초(메리 제인)를 시작했다. 열여덟 살에는 코카인을 흡입했다. 열아홉 살에는 옥시콘틴과 재넉스로 갈아탔다. 20대에는 퍼코세트, 펜타닐, 케타민, LSD, PCP, DXM, MXE를 사용하다가 의약품 등급pharmaceutical-grade*의 오피오이드 인 오파나에 손을 댔고, 결국 헤로인에 빠졌다. 내가 맥스를 만난 건 그가 서른 살이 되었을 때였다. 정리하자면 그는 10년간 14가 지 약물에 손을 댔다.

　뇌의 쾌락점 조정은 개인뿐만 아니라 국가 차원에서도 일어난

---

*　의약품 등급의 원료는 매우 높은 순도와 품질을 갖추고 있어, 일반적으로 의약품 제 조 과정에서 사용된다. 이러한 원료는 신체에 미치는 영향을 고려하여, 엄격한 품질 기준과 규제 요건을 충족해야 한다.

다. 행복 지수는 낮아지는 반면 우울증, 불안, 신체적 통증, 자살률은 증가하고 있다. 특히 전반적으로 부유한 국가들에서 그 현상이 또렷하게 나타난다.

156개국의 국민들이 자기가 얼마나 행복하다고 생각하는지에 대한 순위를 매기는 세계 행복 보고서World Happiness Report에 따르면 미국에 거주하는 사람들은 2008년보다 2018년에 덜 행복하다. 벨기에, 캐나다, 덴마크, 프랑스, 일본, 뉴질랜드, 이탈리아 등 경제력, 사회적 지원, 기대 수명이 비슷한 국가들도 미국과 비슷하게 행복 지수가 감소했다.

연구자들은 26개국에서 약 15만 명을 인터뷰하여 범불안장애의 유병률을 파악했다. 범불안장애는 삶에 부정적인 영향을 미치는 통제 불능의 과도한 걱정을 말한다. 연구에 따르면 고소득 국가가 저소득 국가보다 불안 지수가 높았다. 1990년과 2017년 사이에는 전 세계적으로 신규 우울증 환자 수가 50퍼센트 증가했다. 신규 환자 수가 가장 많이 증가한 지역은 사회인구학적 소득이 가장 높은 지역, 특히 북미 지역이었다. 고소득 국가는 저소득 국가보다 자살률이 높았다. 그 차이는 특히 남성에게 두드러졌다.

부유한 국가에 거주하는 사람들 중 빈곤층과 저학력층이 강박적 과소비 문제에 가장 취약하다. 그들은 높은 보상을 주고, 효과가 강력하고, 신선한 자극을 주는 약물에 쉽게 접근할 수 있다.

반면에 의미 있는 일자리, 안전한 주거, 양질의 교육, 저렴한 의료 서비스, 법 앞에서의 인종 및 계층의 평등과는 멀리 떨어져 있다. 이런 환경이 중독에 대한 접근성을 높이고, 연결고리를 만든다.

프린스턴대학교의 경제학자 앤 케이스Anne Case와 앵거스 디턴Angus Deaton에 따르면 학사 학위가 없는 중년의 백인 미국인들이 그들의 부모, 조부모, 증조부모보다 더 이른 나이에 사망한다. 이 집단의 주요 사망 원인은 세 가지 약물 과다 복용, 술 관련 간질환, 자살이다. 케이스와 디턴은 이 현상을 "절망의 죽음deaths of despair"이라고 표현했다.

강박적 과소비는 개인뿐 아니라 지구의 생존까지도 위태롭게 한다. 세계의 천연자원은 빠르게 고갈되고 있다. 경제학자들은 2040년에 전 세계의 자연 자본(토지, 산림, 연료, 수산자원)이 고소득 국가에서는 현재보다 21퍼센트, 저소득 국가에서는 17퍼센트 줄어들 것으로 본다. 한편, 탄소 배출량의 경우 고소득 국가에서는 7퍼센트, 나머지 국가에서는 44퍼센트 증가할 것으로 추정한다.

———

이제 우리의 그렘린들과 마주할 시간이다. '사용과 관련된 문제 확인' 표에 바꾸고 싶은 물질이나 행동을 적어보길 바란다. 그다음 그 물질과 행동으로 인해 발생하는 문제를 설명해 보라. 두 번

연습: 사용과 관련된 문제 확인

(예시: 애나)

물질 또는 행동	신경 적응: 내성, 금단 증상, 갈망	관계 문제	직장 문제	재정적 문제	건강 문제	가치관 문제
로맨스 소설 읽기	시간이 흐르자 같은 효과를 얻기 위해 더 자극적인 스토리가 필요해졌다. 예전에는 즐거움을 주던 것들에서도 즐거움을 덜 느끼게 되었다.	남편, 자녀, 친구와 시간을 보내지 않고 그들에게 집중하지 않았다.	직장에서까지 로맨스 소설을 읽기 시작했고, 환자들의 진료 시간 사이에 책을 읽고 환자들에게 집중하지 않았다.		늦은 시간까지 책을 읽느라 충분히 자지 않았다.	남 보기 부끄럽고 다른 사람들에게 숨기고 싶은 책들을 읽었다.
아이들에 대한 걱정	잘 지내고 있는데도 걱정거리를 찾았다. 걱정하지 않을 때는 허전한 느낌을 받았다.	계속되는 걱정과 잔소리로 사람들을 짜증 나게 했다.				딸의 건강이 걱정되어 딸의 사적인 일기에서 답을 찾을 수 있을 거라고 생각해 읽었다.

째 열의 '신경 적응'은 내성, 금단 증상, 갈망, 즉 우리가 앞에서 살펴본 기대치와 결과 사이의 간극을 의미한다. 다른 일반적인 고통의 범주로는 관계, 직장, 재정, 건강, 가치관, 영적인 문제 등이 있다.

나는 로맨스 소설을 강박적으로 읽는 것과 아이들을 지나치게 걱정하는 문제로 어려움을 겪었다. 두 가지 모두 내성이 생겨, 시간이 흐를수록 같은 효과를 얻기 위해 더 강력한 형태를 원하게 되었고, 이로 인해 관계, 직장, 건강에 문제가 생겼다.

로맨스 소설의 경우, 10대 뱀파이어들이 나오는 소설로 시작해 나중에는 누가 보기라도 할까 봐 창피해서 숨겨두는 책들로 발전했다. 나는 가족과 시간을 보내는 대신 읽고, 잠을 자는 대신 읽었으며, 어느 순간부터는 일터에 소설책을 가져갔다. 한 환자를 보내고 다음 환자를 받기 전에 생기는 10분의 틈새 시간에도 로맨스 소설을 읽었다.

아이들에 대한 나의 강박적인 걱정은 끝없는 잔소리를 하게 만들었으며 그래서 가족들과 멀어졌다. 나중엔 딸의 일기를 허락도 없이 읽는 나의 가치관에 어긋나는 행동까지 했다(사랑하는 사람과의 신뢰가 깨지면 어떻게 되는지, 어떻게 해야 하는지에 대해서는 나중에 자세히 설명하겠다).

라일리는 유튜브, 넷플릭스, 팟캐스트 등의 디지털 미디어의 과소비로 어려움을 겪었다. 이에 따라 감정 기복이 심해졌고, 친구들에게 부적절하게 행동했고, 꼭 필요한 병원 진료 예약을 미뤘고, 다른 사람의 도움을 차단했다.

앤디는 운동 중독에 대해 돌아보며 다음과 같은 신경 적응을 관찰했다. "근육과 지구력의 약화로 같은 보상을 얻으려면 더 열심히 운동해야 했다. 전력을 다해 운동한 후의 피로감과 해방감을 갈망했다." 그의 계속되는 부상 때문에 친구와 가족이 걱정

연습: 사용과 관련된 문제 확인

(예시: 라일리)

물질 또는 행동	신경 적응: 내성, 금단 증상, 갈망	관계 문제	직장 문제	재정적 문제	건강 문제	가치관 문제
디지털 엔터테인먼트	삶이 예전처럼 원활하게 흘러가지 않았고, 감정 기복이 심해졌다.	타인에게 짜증을 냈다. 선을 지키지 못했다.			정기적인 병원 예약과 검진 일정에 소홀해졌다.	다른 사람에게 도움을 받는 대신 나만이 문제를 해결할 수 있다고 생각했다.

하게 만들었고 관계 문제가 발생했다. 과도한 운동의 영향으로 직장에 지각하는 등의 업무 문제도 생겼다. 부상으로 인한 치료비, 헬스장 회원권 비용, 재활 치료비 등으로 재정적인 문제도 겪었다.

나는 앤디가 분석한 강박적 운동에 대한 가치관 문제가 특히 인상적이었다. "운동량과 운동 강도를 숨기기 위해 거짓말했다. 자기중심적이고 자기애적인 행동이었으며, 삶의 또 다른 측면에 대한 관심이 사라졌다."

이 표를 작성할 때는 최대한 솔직하게 쓰되, 스스로에 대한 연민을 잃지 않아야 한다. 자신이나 자신의 행동을 판단하지 말라. 우리는 모두 소용돌이에 휘말렸을 뿐이다.

연습: 사용과 관련된 문제 확인

(예시: 앤디)

물질 또는 행동	신경 적응: 내성, 금단 증상, 갈망	관계 문제	직장 문제	재정적 문제	건강 문제	가치관 문제
과도한 운동	근력과 지구력의 약화로 같은 보상을 얻으려면 더 열심히 운동해야 했다. 전력을 다해 운동한 후의 피로감과 해방감을 갈망했다. 그 기분을 느끼기 위해 점점 더 많이 운동해야 했다. 강박적으로 과도하게 운동하면 더 많이 먹게 되고, 더 많이 먹으면 더 운동해야 하므로 악순환이 이어졌다.	무리한 운동으로 내가 부상당할까 봐 친구와 가족이 걱정했다.	운동을 오래 해서 회사에 지각하고 피곤했다.	헬스장 회원권 비용, 부상 치료비, 재활 치료비	다리와 어깨 부상 및 정신 건강 악화	운동량과 운동 강도를 숨기기 위해 거짓말했다. 자기중심적이고 자기애적인 행동이었으며, 삶의 또 다른 측면에 대한 관심이 사라졌다.

연습: 사용과 관련된 문제 확인

(직접 작성해 보자.)

물질 또는 행동	신경 적응: 내성, 금단 증상, 갈망	관계 문제	직장 문제	재정적 문제	건강 문제	가치관 문제

요약 ─────

- 강화 물질과 행동을 반복적으로 사용할 때 뇌에서는 내성, 금단 증상, 갈망 등이 나타난다. 신경 적응이라고 불리는 뇌 변화는 도파민 결핍 상태를 초래하고, 쾌락의 기준점이 변화하면서 항상성을 붕괴시킨다. 그 결과, 우리는 고통에 더 민감해지고 쾌락을 느끼기 위해 점점 더 강력한 형태의 물질과 행동이 필요하다.
- 현대의 풍요로움이 생리적 스트레스 요인으로 작용하여, 우울증, 불안, 자살률이 높아졌다. 이 현상을 '풍요의 역설'이라고 한다.
- 현대 사회에서 약물화druggification는 부유한 국가에 사는 빈곤층에게 큰 영향을 미친다. 이들은 깨끗한 공기, 건강한 음식, 의미 있는 일과 같은 적응적 보상에는 접근하기 어렵지만 강력한 강화 물질에는 쉽게 접근할 수 있다.
- 강박적 과소비가 지구에 치명적인 피해를 주고 있다.

데이터, 목표, 문제에 대한 탐구를 마쳤다. 이젠 어떻게 대응할지에 집중할 차례다. 생물학적 시스템을 이해하는 가장 좋은 방법은 그 시스템에서 하나의 변수를 변경하고 무슨 일이 일어나는지 관찰하는 것이다.

4 장

절제와 금욕주의

 = Data

= Objectives

= Problems

 = **Abstinence and Asceticism**

= Mindfulness

= Insight and Radical Honesty

= Next Steps

= Experiment

DOPAMINE의 A는 **절제**Abstinence를 의미하며, **도파민 디톡스**라고도 한다. 도파민 디톡스란 중독된 물질이나 행동을 일정 기간 완전히 끊어, 보상 경로를 재설정하고 도파민 분비 수준을 건강한 상태로 되돌리는 것이다. 중독과 금단의 악순환을 멈추면 기분이 나아지고, 보다 행복해지며, 더 소박한 보상에서 즐거움을 찾게 된다. 따라서 소비가 삶에 미치는 진정한 영향을 이해하는 좋은 기회를 얻을 수 있다.

「머리말」에 등장했던 20대 초반의 환자 저스틴이 기억나는가? 그는 비디오 게임을 한 달 동안 끊은 후 불안과 우울감이 줄어드는 경험을 했다. 그 후 저스틴은 대학교의 한 강의에 새로운 흥미를 느끼게 되었다. 보상 경로를 재설정함으로써 다른 활동들에 관심을 가지게 된 것이다. 신경과학자들은 이 현상을 **현저성**salience*이라고 부른다.

---

* 어떤 자극이나 정보가 다른 것과 비교해서 두드러지게 보이는 것을 말한다.

본격적으로 도파민 디톡스를 알아보기 전에 몇 가지 주의 사항이 있다. 도파민 디톡스는 생명을 위협하는 금단 증상이 발생할 위험이 있는 사람은 시도하면 안 된다. 예를 들어 알코올, 벤조디아제핀(자낙스, 클로나제팜, 발륨) 또는 오피오이드(노르코, 옥시콘틴, 헤로인)에 심하게 의존하고 있다면 전문가와 상담하여 금단 증상을 의학적으로 모니터링해야 한다. (이 경우, 저울의 고통 쪽에 그렘린들이 몰려 있는) 신경 적응으로 인해 뇌가 광범위하게 변화되어 있으므로, 갑자기 약물을 중단하면 생리적 폭풍(불규칙한 심박수, 느리거나 빠른 호흡, 체온 상승 또는 저하, 혈압 상승 또는 저하, 발작, 사망)으로 이어질 수 있다. 따라서 심각한 생리적 의존성이 있는 사람은 이 단계에서 멈추고 의료 전문가와 상담하길 바란다.

금단 증상이 생명을 위협할 정도는 아니더라도 중독이 너무 심해서 멈추고 싶어도 멈추지 못하는 경우도 있다. 인간의 뇌는 약물에 대한 욕구와 생존을 혼동하기도 한다. 어떤 사람은 죽음의 위험을 무릅쓰고 약물을 위해 자신의 모든 것을 희생한다. 죽음을 각오하고 있지만 죽고 싶어 하는 것과는 다르다. 중독이 심한 사람들은 필사적으로 살고 싶어 한다. 단지 멈출 수 없을 뿐이다. 다시 한번 말하지만, 그런 사람은 중독에 대한 전문 지식을 갖춘 의료 전문가와 상담하여 조언을 받아야 한다.*

주의 사항을 나누었으니 이제 시작할 준비가 되었다. 이 장은 다른 장들보다 길기 때문에 세 부분으로 나뉜다. 첫 번째는 도파민 디톡스를 위한 계획, 두 번째는 자기 구속, 세 번째는 호르메시스hormesis라고도 알려진 금욕주의다.

———

'도파민 디톡스를 위한 계획'부터 알아보자.

중독 물질과 행동을 얼마나 절제해야 할까? 물질이나 행동을 안전하게 중단할 수 있다면 4주간의 도파민 디톡스를 추천한다. 4주는 대부분이 부담스럽지 않게 납득하고 받아들일 수 있는 기간이다. 또한 임상 경험에 따르면, 신경 적응의 그렘린들이 저울의 고통 쪽에서 내려오고 항상성을 회복하는 데 평균적으로 4주가 걸린다. 4주보다 짧아지면 회복 효과는 없는데 금단 증상의 고통은 얻게 된다.

4주 도파민 디톡스가 새롭고 참신한 아이디어는 아니다. 수천 년 전부터 사람들은 일정 기간 어떤 물질이나 행동을 절제하는 것이 건강에 이롭다는 사실을 알고 있었다. 전 세계의 주요 종교

---

* 약물에 심각하게 의존하고 있다면 약물을 갑자기 중단하기보다는 서서히 줄여야 한다. 의학적으로 승인된 약물을 복용해야 할 수도 있다. 예를 들어, 메타돈과 부프레노르핀 같은 장기 지속성 오피오이드는 심한 오피오이드 중독에 대한 근거 기반 치료법이다. 이런 약물은 쾌락-고통의 균형을 맞추어 금단 증상과 갈망을 완화하여, 개인이 또 다른 회복에 집중할 수 있게 한다. 적절하게 처방된 약물은 생명을 구할 수도 있다.

대부분이 매년 한 달 정도의 디톡스 기간을 정해 놓고 실행하는 것은 우연이 아니다.

4주 디톡스는 과학적 연구 결과로도 뒷받침된다. 신경과학자 노라 볼코Nora Volkow와 그녀의 연구진은 다양한 약물에 중독된 사람들의 뇌를 건강한 대조군과 비교해 도파민이 어떻게 분비되는지 조사했다. 차이는 매우 두드러졌다. 건강한 대조군의 뇌 영상에서는 도파민 전달이 풍부하게 나타났다. 하지만 중독된 사람들의 뇌는 건강한 대조군에 비해 도파민 전달이 거의 또는 전혀 없었다. 이는 임상 우울증, 불안, 주의력 결핍 장애와 여러 가지 불쾌한 심리적 상태를 유발한다. 게다가 다양한 약물에 중독된 사람들은 영상 촬영에 앞서 2주간 약물 사용을 중단했다. 노라 볼코의 실험은 약물을 과도하게 사용하면, 약물을 중단한 이후로도 최소 2주 이상은 도파민 결핍 상태가 지속된다는 것을 보여준다. 정상적인 도파민 수치가 언제 회복되는지 확인할 수 있는 비교 가능한 뇌 영상 연구가 현재로서는 없다. 하지만 임상 경험에 따르면 중독된 물질이나 행동을 중단한 후 10일에서 14일 사이가 가장 견디기 힘들다. 그 후 3주 차와 4주 차에는 주관적 안녕감subjective well-being*이 더디게 느껴질지언정 꾸준히 나아진다.

---

* 주관적 웰빙이라고도 불리며, 개인이 자신의 삶에 대해 느끼는 만족도와 행복감을 의미한다.

도파민 D2 수용체 중독 수준 낮음

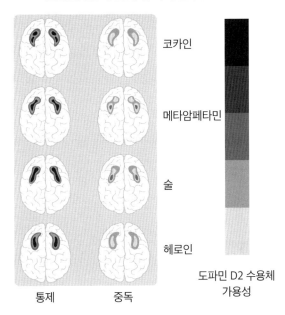

통제   중독

코카인

메타암페타민

술

헤로인

도파민 D2 수용체
가용성

심리학자 마크 셔킷Marc Schuckit과 그의 동료들은 매일 과음하고 주요 우울장애major depressive disorder(우울증)의 기준을 충족하는 남성들을 대상으로 연구를 진행했다. 셔킷의 연구에 참여한 우울증이 있는 남성들은 4주 동안 병원에 입원했고, 그 기간에 술을 마시지 않았다. 그 외의 다른 우울증 치료는 받지 않았다. 그리고 한 달 뒤, 연구에 참여한 남성들 중 80퍼센트가 임상 우울증의 기준에서 벗어났다는 사실을 확인했다.

이런 연구 결과는 과도한 음주에서 임상 우울증이 비롯되었음을 보여준다. 물론 다른 요인이 작용했을 수도 있다. 예를 들면 병원이라는 공간이 가지고 있는 치유적인 분위기, 우울증의 자연적인 호전, 외부 요인과 무관하게 나타났다 사라지기도 하는 우울증의 특성 때문일지도 모른다. 하지만 우울증에 일반적으로 사용되는 약물 치료나 심리 요법 등 표준 치료법의 반응률이 50퍼센트에 불과하다는 점을 고려하면 셔킷의 연구는 주목할 만하다.

셔킷의 연구 결과와 20년이 넘는 내 임상 경험은 최소 4주의 금주를 권장한다. 물론 4주 만에 중독이 말끔하게 치료된다는 뜻은 아니다. 하지만 보상 경로를 재설정하고 도파민 전달의 기준선을 회복하면 장기적인 치료를 위한 지속 작업을 시작할 수 있다.

최소 4주 동안 중독된 물질이나 행동에서 벗어나라고 말했지만, 4주를 다 채우지 못할 수도 있다. 그렇더라도 단기간 도파민 디톡스를 해보면 분명 얻는 것이 있다. 4주 미만은 도파민 전달의 기준선까지 회복하기에 충분한 시간이 아니다. 하지만 자신이 얼마나 중독되었는지 깨닫기에는 충분하다. 많은 환자가 자기가 중독되었다는 사실을 모르고 있다가, 중독 물질과 행동을 중단하려고 시도한 후에 중독을 깨닫는다. 금단의 고통이 때로는 "아하, 내가 이렇게 중독되어 있었구나!" 하는 깨달음을 주고 도파민 디톡스를 위한 동기를 부여한다.

도파민 수치가 건강한 수준으로 회복되면 금단의 보편적 증상인 불안, 과민성, 불면증, 우울증, 갈망이 완화된다. 또한 강박적 과소비가 당신을 지배하기 전에 즐기던 것들, 더 소박한 보상이 주는 기쁨을 누릴 수 있다.

환자들은 종종 "왜 완전히 끊는 것이 줄이는 것보다 낫죠?"라고 묻는다. 줄이는 편이 더 쉬울 거라고 오해하기 때문이다. 하지만 줄이는 것보다 끊는 것이 더 쉽다. 발표된 연구들과 수많은 환자를 지켜본 내 경험에 비추어 볼 때 중독 물질과 행동을 줄일 때 뇌는 오히려 보상 경로를 재설정할 기회를 제공하지 못한다. 쉽게 말해, 줄이는 건 큰 효과가 없다.

———

도파민 디톡스는 언제 시작해야 할까? 성공 가능성을 최대한 높이려면, 가까운 시일에 디톡스를 시작하겠다는 계획을 세워야 한다. 생일이나 기념일처럼 의미 있는 날을 선택해도 좋다.

소셜 미디어 앱을 끊으려고 한다면, 소셜 네트워크에 일정 기간 접속하지 않을 것이라고 게시하고 다른 연락 방법을 알려주면 된다. 도파민 디톡스를 하는 동안 친구나 사랑하는 사람들과의 대화가 그 어느 때보다 중요해진다. 소셜 미디어에 접속하지 않고도 사람들과 연결될 수 있는 방법을 찾아보라. 가능하면 직접 만나려 노력하고, 직접 만나기 어렵다면 전화 통화를 할 수도 있다. 보지 않고 듣기만 해도 마음이 안정되고 대화 내용에 집중할 수 있다. 디지털 기기를 통해야만 상대를 만날 수 있다면, 멀티태스킹을 하지 말고 눈앞에 있는 사람에게만 집중하라. 화면에서 조금 떨어진 곳에 앉아 다른 앱과 프로그램을 닫고, 대화하는 상대방과 호흡하는 속도를 맞추려고 시도해 보라. 그러면 아마 상대방도 당신과 똑같이 행동할 것이다.

소셜 미디어를 내려놓으면 여유 시간이 많아진다. 그때 참여할 수 있는 건강한 활동들을 미리 계획하길 바란다. 이와 관련된 많은 예시를 호르메시스(금욕주의) 섹션에서 더 자세히 다룰 예정이다.

도파민 디톡스를 시작한 뒤 기분이 나아지기 전에 더 나빠지는 시기가 있다. 처음 10~14일은 생각보다 더 잔인하다. 대부분은 중독 물질과 행동을 중단할 때 다양한 종류와 강도의 심리적 고통을 경험한다. 불안, 과민성, 불면증, 우울증, 갈망 등의 증상은 뇌가 다시 중독 상태로 돌아가라고 신호를 보내는 것처럼 느껴진다. 갈망에 관한 자세한 내용은 마음 챙김에 대한 5장에서 다룰 것이다. 중독 행동을 중단할 때 생기는 금단 증상은 신체적 징후와 증상으로 나타나기도 한다. 소셜 미디어, 비디오 게임, 도박 같은 강박 행동을 중단할 때 어지럼증, 두통, 복통, 신체 저림 등의 증상을 경험하는 환자들이 있다. 물론, 마약과 술은 전형적이고 고유한 신체적 금단 증상이 있다. 하지만 인내심을 가져라.

태양은 다시 뜰 것이고, 기다릴 만한 가치가 있다.

바꾸고 싶은 물질이나 행동이 여러 가지더라도, 가장 문제되는 물질이나 행동 하나에만 집중하는 것이 좋다. 한 번에 한 가지 물질이나 행동에 집중해야 목표를 구체화하고 성공 가능성을 극대화할 수 있다. 다른 물질이나 행동은 나중에 따로 시도해 보면 된다. 물론 여러 물질이나 행동을 동시에 다루는 게 합리적인 경우도 있다. 특정 중독 물질이나 행동이 다른 물질이나 행동으로 이어지는 **디딤돌 효과**stepping-stone Effect가 나타나기도 하기 때문이다.

나는 팝 음악을 들으면 로맨스 소설이 읽고 싶어진다. 대부분의 팝 음악은 사랑 이야기를 다룬다. 그래서 도파민 디톡스 초반에는 팝 음악 감상을 자제했다.

'도파민 디톡스 종료 날짜 예상' 표에 디톡스를 고려하는 물질이나 행동, 디톡스 시작 날짜, 디톡스 기간을 적어보기를 바란다. 디톡스 후 처음 10~14일 동안 예상되는 금단 증상도 적어보라. 예를 들어, 나는 4주 동안 로맨스 소설에 관한 도파민 디톡스를 하기로 결심했고, 금단 증상으로 지루함, 불안, 불면증을 예상했다. 내가 예상했던 금단 증상은 모두 나타났다 사라졌는데, 특히 평소 로맨스 소설을 읽던 저녁 시간에 증상이 극심해져서 놀랐다. 무언가를 읽지 않고 잠드는 방법을 잊어버렸음을 알게 되었다.

연습: 도파민 디톡스 종료 날짜 예상

(예시: 애나)

물질 또는 행동	디톡스 시작 날짜	디톡스 기간	예상되는 금단 증상
로맨스 소설	월요일, 내 생일	4주	지루함, 불안, 불면증

라일리는 4주 동안 모든 형태의 디지털 엔터테인먼트를 포기하기로 결심했다. 따라서 "지루함, 외로움, 불안감으로 인한 불편함"을 느끼게 될 것으로 예상했다.

연습: 도파민 디톡스 종료 날짜 예상

(예시: 라일리)

물질 또는 행동	디톡스 시작 날짜	디톡스 기간	예상되는 금단 증상
디지털 엔터테인먼트	8월 16일 (새 학기가 시작되기 한 달 전)	4주	지루함, 외로움, 불안감으로 인한 불편함

연습: 도파민 디톡스 종료 날짜 예상

(예시: 앤디)

물질 또는 행동	디톡스 시작 날짜	디톡스 기간	예상되는 금단 증상
신체에 해를 끼칠 정도의 과도한 운동	12월 18일	30일 (걷기와 가벼운 자전거 타기를 제외한 운동 하지 않기)	더 열심히 운동하지 않으면 몸매가 망가질 것 같은 정신적·정서적 고통

앤디는 30일 동안 "걷기와 가벼운 자전거 타기를 제외한 운동을 하지 않기"로 결심했다. 그의 구체적인 다짐은 부상을 일으킨 헬스장과 운동 기구를 멀리하는 것이었다. 그는 "더 열심히 운동하지 않으면 몸매가 망가질 것 같은 정신적·정서적 고통"을 예상했다.

연습: 도파민 디톡스 종료 날짜 예상

(직접 작성해 보자.)

물질 또는 행동	디톡스 시작 날짜	디톡스 기간	예상되는 금단 증상

이제 **자기 구속**에 관해 알아볼 차례다.

도파민 디톡스의 성공 가능성을 최대한 높이려면 어떤 전략을 사용해야 할까? 의지만으로는 안 된다는 사실부터 인정해야 한다. 의지력은 무한한 자원이 아니다. 하루를 보내면서 점점 약해지고, 하루가 끝날 때쯤에는 바닥난다. 중독된 물질이나 행동에 노출되면 저항하기도 어려워진다.

도파민에 절여진 현대 사회에서는 굳이 직접 중독 물질을 찾아 나설 필요가 없다. 그것들은 언제나 우리를 따라다닌다. 푸시 알림을 비롯한 다양한 형태의 마케팅과 홍보를 떠올려보라. 중독 물질 및 행동은 우리가 소비하고 또 소비하게 만든다.

자기 구속은 우리 자신과 중독 물질 사이에 메타인지 장벽을 만들어 강박적 과소비에 일시 정지 버튼을 누른다. 자기 구속의 개념은 호메로스Homeros가 쓴『오디세이아』의 오디세우스 이야기로 설명할 수 있다. 오디세우스가 트로이 전쟁 후, 선원들과 집으로 항해하던 중이었다. 그 길에 암초에 앉아 노래를 부르며 선원들을 유혹하고 죽음에 이르게 하는 반인반조 세이렌이 있었다. 오디세우스는 무사히 그곳을 통과하기 위해 세이렌을 물리칠 방법을 찾아야 했다. 선원들이 세이렌에게 홀리지 않는 유일한 방법은 세이렌의 노래를 듣지 않는 것이었다. 오디세우스는 선원들에게 밀랍으로 귀를 막으라고 명령했다. 이 이야기에서 밀랍은 자기 구속의 한 형태다. 오디세우스 또한 홀릴 수 있었기에, 선원들에게 자신을 배의 돛대에 묶어달라고 했다. 그가 풀어달라고 애원하거나 탈출하려고 시도하면 더 단단히 묶으라고 명령했다. 오디세우스는 세이렌의 노래가 어떤지 들어보고 나중에 다른 사람들에게 말해주고 싶었지만, 홀려서 죽고 싶지는 않았다.

이 유명한 그리스 신화를 통해 알 수 있듯, 유혹에 저항하려면 자기 통제력의 한계를 인식하고 미리 스스로를 묶어두어야 한다. 여기서는 자기 구속을 연대기(시간), 지리(공간), 범주(의미)의 세 가지 유형으로 나누었지만, 더 많은 유형과 접근 방식을 적용해도 된다. 우선은 이 세 가지로 시작해 보자.

———

연대기적 자기 구속은 시간을 활용해 스스로 절제할 수 있도록 돕는다. 도파민 디톡스는 연대기적 방법으로 소비를 제한하는 하나의 예다. 도파민 디톡스를 할 때는 정해진 기간에 특정 물질을 절제하기로 계획한다. 종료 날짜가 정해져 있다는 사실만으로 절제가 더 쉬워진다. 4주라는 기간이 길게 느껴질 수도 있지만, 인생이라는 큰 범위에서 보면 그리 긴 시간은 아니다. 디톡스 기간과 비교했을 때 중독 물질과 행동을 사용한 기간이 얼마나 긴지 잠시 생각해 보라. 그 행동을 해온 시간과 비교하면 4주는 아주 짧다. 1장 「데이터」에서 작성한 일생 도파민 차트를 다시 살펴보고, 같은 차트에 계획한 디톡스 일정을 추가해 보자. 그 기간을 중독 물질을 사용해 온 전체 기간과 비교하면 된다. 시각화를 통해 4주가 얼마나 짧은지 객관적으로 알 수 있다.

———

지리적 자기 구속은 자신과 물질 사이에 공간을 만든다. 보상을 얻기 위해 이동해야 하는 거리나 해야 하는 일을 늘리면, 중독 물질을 사용하거나 중독 행동을 하고 싶게 만드는 촉발 요인이 줄어든다. 따라서 중독 행동에서 벗어나겠다는 다짐을 상기시키는 데 필요한 시간을 더 확보할 수 있다.

다음은 환자들이 말해준 지리적 자기 구속의 예다.

"TV 플러그를 뽑아 옷장 안에 넣어 두었어요."

"게임 콘솔을 차고로 치웠어요."

"신용카드 대신에 현금만 써요."

"호텔에 미리 전화를 걸어 미니바와 TV를 치워달라고 요청했어요."

"전자책 리더기를 없앴더니 책을 더 많이 읽게 되었어요."

"스냅챗, 인스타그램, 틱톡, 트위터 등을 삭제했어요."

"아이패드를 뱅크 오브 아메리카의 대여금고(고객의 중요 물품을 보관해 주는 서비스)에 넣어 두었어요."

"제가 시간 제한을 무시하지 않도록 파트너에게 스크린 타임 암호를 설정해 달라고 부탁했어요."

나는 종종 이메일을 강박적으로 확인한다. 일하는 데 필요한 작업이라고 스스로 합리화하지만 사실 그렇게까지 강박적으로 확인할 필요는 없다. 이메일을 지나치게 자주 확인하느라 일에도 방해가 될 정도다. '지리적 자기 구속' 표를 이용하면 이 문제를 해결하는 데 도움을 주는 세 가지 지리적 장벽을 구축할 수 있다.

(1) 이메일 프로그램을 완전히 종료해서, 이메일 프로그램을 실행하는 데 더 오랜 시간이 걸리게 만든다. (2) 업무용 이메일에 접근할 수 없는 노트북을 따로 구입해 사용한다. (3) 이메일 송수신을 못 하도록 컴퓨터의 와이파이 접속을 끊는다.

내 환자 라일리는 디지털 엔터테인먼트를 제한하기 위해 "화

연습: 지리적 자기 구속

(예시: 애나)

물질 또는 행동	지리적 장벽 1	지리적 장벽 2	지리적 장벽 3
실제 업무에 방해가 될 정도의 강박적으로 이메일을 확인한다.	이메일 프로그램을 완전히 종료해서, 이메일 프로그램을 실행하는 데 더 오랜 시간이 걸리게 만든다.	업무용 이메일에 접근할 수 없는 노트북을 따로 구입해 사용한다.	이메일 송수신을 못 하도록 컴퓨터의 와이파이 접속을 끊는다.

면이 작은 휴대폰"을 사고, "필수 앱만 다운로드"하고, 때로는 "휴대폰 없이 외출했다".

건강이 악화될 정도로 과도하게 운동했던 앤디는 헬스장 멤버

연습: 지리적 자기 구속

(예시: 라일리)

물질 또는 행동	지리적 장벽 1	지리적 장벽 2	지리적 장벽 3
휴대폰으로 보는 디지털 엔터테인먼트	화면이 작은 휴대폰을 샀다.	필수 앱만 다운로드했다.	휴대폰 없이 외출했다.

연습: 지리적 자기 구속

(예시: 앤디)

물질 또는 행동	지리적 장벽 1	지리적 장벽 2	지리적 장벽 3
건강이 악화될 정도의 과도한 운동	나와 비슷한 극단적인 운동 사고방식과 습관을 가진 사람들이 가득한 헬스장 멤버십 해지	걷기와 가벼운 자전거 타기를 제외한 모든 운동 중단	스스로 책임지고 시간제한을 지키기 위해 운동 후 여자친구 만나기

연습: 지리적 자기 구속

(직접 작성해 보자.)

물질 또는 행동	지리적 장벽 1	지리적 장벽 2	지리적 장벽 3

십을 해지했다. 이는 그와 "비슷한 극단적인 운동 사고방식과 습관을 가진 사람들"을 피하는 방법이었다. 도파민 디톡스에 성공하고 싶다면, 내가 중단하려는 행동을 하는 사람들과의 접촉을

자제해야 한다. 그래서 도파민 디톡스 초기 단계에는 물질이나 행동 자체의 상실뿐만 아니라, 다른 사람과 함께하면서 강화된 관계에 대한 상실감이 더해진다. 도파민 디톡스를 끝내고 더 확실히 회복된 후에는 이 사회적 집단과 다시 접촉해도 된다.

———

범주적 자기 구속은 의미를 사용하여 소비를 제한한다. 즉, 특정 물질을 사용하거나 특정 행동을 하는 목적이 무엇인지, 그렇게 하는 것이 추구하는 목표와 가치에 어떻게 부합하는지 스스로에게 질문한다. 이 방법은 사용을 중단하거나 촉발 요인을 회피하는 데 특히 유용하다. 또한 우리의 머릿속에 존재하기 때문에 분리될 수 없는 중독적인 생각과 환상에도 활용하기 효과적이다. 알코올에 중독된 한 환자는 이렇게 말하기도 했다. "술집은 내 머릿속에 있다." 알코올 중독 해결을 위한 모임 '익명의 알코올 중독자들'AA, Alcoholics Anonymous의 12단계 프로그램*을 빌려오는 것도 방법이다. AA의 12단계를 기반으로 피하고 싶은 행동과 행하고 싶은 행동을 동심원으로 표현하는 것도 좋은 방법이다.

---

* 1935년 미국 시카고에서 시작된 AA는 12단계 프로그램을 통해 알코올 문제를 해결하고 회복할 수 있도록 돕는다. 또한 알코올 문제뿐만 아니라 다양한 중독 문제 해결에 적용되고 있다.

건강한 대안 행동(목표)

중독 행동을 유발하는 요인(회피)

중독 행동
(회피)

　가운데 원은 더 건강한 관계를 맺기 위해 도파민 디톡스 기간
에 절제하려는 물질이나 행동이다. 두 번째 원은 중독 물질이나
행동은 아니지만 그에 대한 욕구를 일으키는 촉발 요인이다(바로
뒤에 나올 파블로프의 단서 의존 학습을 참조하라). 제일 바깥의 원은 욕
구가 생기는 즉시 사용할 수 있는 건강한 대처 전략이다. 이 항목
은 중독 물질과 행동을 유발하지 않으면서 우리를 회복시키는 건
강한 대안 행동이다. 이때 넷플릭스를 컵케이크로 대체하는 것처
럼 특정 도파민 보상을 다른 도파민 보상으로 대체하지 않도록
주의해야 한다. 두 가지 이유 때문이다. 첫 번째, 이런 방식은 보

연습: 회피 접근 방식-회복의 동심원

(예시: 저스틴)

상 경로를 재설정하는 능력을 방해할 수 있다. 보상 경로의 재설정은 강박적 과소비의 악순환을 끊기 위한 핵심 과정이다. 두 번째, 도파민 보상을 도파민 보상으로 대체하는 방식은 교차 중독, 즉 대체 보상에 중독될 위험을 초래한다. 바깥쪽 원은 삶에서 더 많이 추구해야 하는 행동들, 즉 피하는 것이 아니라 목표로 삼아야 하는 행동들을 나타낸다.

연습: 회피 접근 방식-회복의 동심원

(예시: 애나)

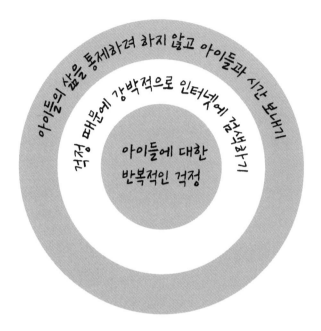

저스틴은 가운데 원에 "비디오 게임"을 배치하고, 두 번째 원에는 "비디오 게임 유튜버들의 게임 동영상"을 배치했다(게임 영상을 보면 비디오 게임을 하고 싶어졌기 때문이다). 그리고 가장 바깥쪽 원에는 "강아지와 놀고, 산책하고, 대학교에 복학하여 컴퓨터 공학을 배우며 학업에 전념"하는 것을 배치했다.

나는 가장 안쪽 원에는 "아이들에 대한 강박적이고 반복적인

연습: 회피 접근 방식-회복의 동심원

(직접 작성해 보자.)

걱정"을, 두 번째 원에는 그런 "걱정 때문에 강박적으로 인터넷에 검색하기"를, 가장 바깥쪽 원에는 "아이들의 삶을 통제하려하지 않고 아이들과 시간 보내기"를 배치했다.

이제 회복의 동심원에서 두 번째 원 '중독 행동을 유발하는 요인'에 집중해 보겠다. 잠시 강박적 행동을 유발하는 내적 요인과 외적 요인이 무엇인지 생각해 보라. 도파민 디톡스에 성공하려면 갈망하는 물질을 상기시키는 사람, 장소, 물건도 멀리해야 한다. 이러한 비약물적인 자극들은 뇌의 보상 경로에서 도파민이 분비되게 하여 물질 자체와 동일한 욕구, 금단 증상, 갈망의 연쇄 반응을 유발한다. 신경과학계에서는 **단서 의존 학습**cue-dependent learning이라고 불리며, 고전적(파블로프식) 조건 형성classical (Pavlovian) conditioning이라고도 한다.

1904년, 노벨 생리의학상을 받은 이반 파블로프Ivan Pavlov는 개의 앞에 고기 조각을 놓으면 반사적으로 침을 흘린다는 사실을 입증했다. 고기를 줄 때마다 종소리를 들려주면 나중에 개는 종소리만 들어도 침을 흘린다. 심지어 고기를 바로 주지 않아도 침을 흘린다. 이는 개가 자연 보상인 고기와 조건 단서인 종소리를 연관시키는 법을 학습해서 나타나는 현상이다.

이때 뇌에서 무슨 일이 일어날까? 신경과학자들은 쥐의 뇌에 탐침기를 넣어 도파민이 약물뿐 아니라 약물을 상기시키는 자극이나 신호에도 반응하여 분비된다는 것을 증명했다. 버저를 눌러서 코카인이 제공될 거라고 알려주는 불빛을 보았을 때 쥐의 뇌

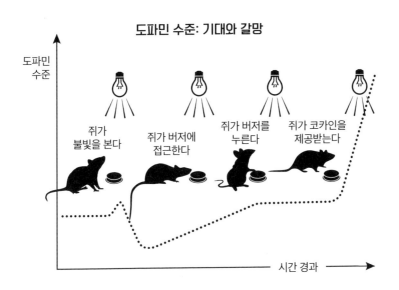

도파민 수준: 기대와 갈망

도파민
수준

쥐가
불빛을 본다

쥐가 버저에
접근한다

쥐가 버저를
누른다

쥐가 코카인을
제공받는다

시간 경과

에서 도파민 수치가 기준선 이상으로 증가한다. 불빛을 본 후 쥐
의 도파민 수치는 기준선을 넘어 그 아래까지 떨어진다. 이 작은
도파민 결핍 상태는 쥐가 보상(코카인)을 얻기 위해 버저를 누르
는 노력을 하게 만드는 과정에서 갈망과 스트레스를 유발한다.
물론 코카인을 제공할 것이라는 신호를 볼 때보다 실제 코카인을
섭취했을 때 도파민 수치가 훨씬 더 상승한다. 하지만 여기서 중
요한 점은 '코카인을 제공한다'는 단서가 중독과 금단의 독자적
인 주기를 만들어낸다는 것이다.

　내 동료인 신경과학자 롭 말렌카Rob Malenka는 언젠가 나에게
이렇게 말했다. "실험실의 동물이 얼마나 중독되었는지 보려면,

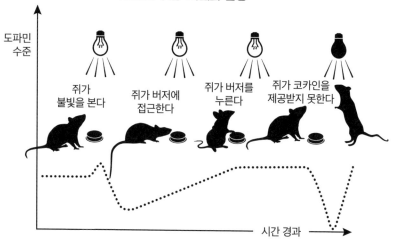

도파민 수준: 기대와 갈망

도파민
수준

쥐가
불빛을 본다

쥐가 버저에
접근한다

쥐가 버저를
누른다

쥐가 코카인을
제공받지 못한다

시간 경과

그 동물이 약물을 얻기 위해 얼마나 열심히 노력하는지를 보면
됩니다. 얼마나 열심히 버저를 누르고, 미로를 탐색하고, 미끄럼
틀에 올라가느냐가 그 동물의 중독 상태를 알려주죠."

실제로 내가 만난 사람들 중 가장 열심히 일한 사람은 마약에
중독되어 있었다. 기대와 갈망의 전체적인 악순환은 의식 너머에
서 일어나기도 한다. 당연히 파악하기도, 다루기도 어렵다.

기대한 보상이 실현되지 않으면 어떻게 될까? 쥐가 불빛을 보
고 코카인(보상)이 나오는 버저를 눌렀는데 아무것도 나오지 않았
다면? 실망한다. 기대한 보상이 제공되지 않으면 도파민 수치는
중립을 유지하지 못하고, 기준선 아래로 떨어진다.

무언가 기대에 미치지 못해 실망해 본 경험이 누구에게나 있다. 기대했던 보상을 얻지 못하는 것은 애초에 보상을 기대하지 않는 것보다 더 나쁘다. 충족되지 않은 기대는 심각한 도파민 결핍과 연관되기 때문이다.

기대했던 보상이 실현되지 않아 발생하는 실망감은 그 물질과 행동을 다시 반복하지 않게 한다. 즉, 완전히 단념하게 만든다. 하지만 또 어떤 경우에는 원래의 쾌감을 재현하도록 노력하게 만들어 계속해서 그 물질을 추구하는 행동을 촉진한다. 이 현상을 가장 잘 보여주는 사례가 병적인 도박꾼들이다.

연구에 따르면 병적인 도박으로 인한 도파민 분비는 최종 보상(일반적으로 돈)보다 보상 제공의 예측 불가능성과 관련 있다. 도박 중독자들은 도박을 할 때 한편으로는 지고 싶다는 생각을 한다. 게임에서 지면 도박을 계속해야 한다고 정당화할 수 있고, 지다가 이겨야 더 큰 쾌감을 느낄 수 있어서다. 이것을 손실 추구loss chasing라고 한다.

2010년, 제이콥 리넷Jakob Linnet과 그의 동료들은 도박에 중독된 사람과 중독되지 않은 사람들을 대상으로 돈을 따거나 잃었을 때 도파민이 얼마나 분비되는지 측정했다. 돈을 땄을 때는 두 집단 모두 도파민이 증가했으므로 큰 차이가 없었다. 하지만 돈을 잃었을 때의 결과는 완전히 다르게 나타났다. 중독되지 않은 사람들보다 도박에 중독된 사람들의 도파민 분비가 크게 증가했다. 병적인 도박꾼은 패배와 승리의 확률이 동일할 때(50퍼센트), 즉 불확실성이 최대일 때 도파민이 가장 많이 분비되었다. 이들은 돈을 따고 있을 때뿐 아니라 돈을 잃고 있을 때도 쾌락을 느꼈다. 도박에 중독되지 않은 건강한 대조군은 돈을 따고 있을 때만 쾌락을 느꼈다. 병적인 도박꾼들은 돈에 중독된 것이 아니다. 그들은 게임 자체에 중독되었다.

———

강박적 과소비를 촉발하는 개인적 요인이 무엇인가? 당장 행동을 바꾸지 않아도 중독적인 패턴의 구체적인 전조, 즉 사용 직전의 행동이나 생각, 느낌을 적어 보는 연습을 하는 것만으로도 깨달음을 얻을 수 있다. 표에 바꾸고 싶은 중독성 패턴을 하나 골라 적은 후, 그 패턴을 시작하기 직전에 무엇을 하는지, 어떤 생각을 하는지, 어떤 감정을 느끼는지 되돌아보자.

나는 노트북으로 까다로운 일을 하고 있을 때 이메일을 확인하고 싶은 충동을 느낀다. 집중력을 잃고 산만해지거나 무엇을 해야 할지 잘 모르겠다고 생각할 때, 지쳤거나 심리적 부담감을 느낄 때, 할 일이 너무 많아서 막막하고 좌절감을 느낄 때 특히 강박적으로 이메일을 확인했다.

앤디는 보통 운동의 중후반부에 이르렀을 때 과도하게 운동하

연습: 중독성 패턴에 대한 촉발 요인(두 번째 원)

(예시: 애나)

바꾸고 싶은 강박적인 패턴	행동: 중독성 패턴이 나타나기 직전에 하는 행동	생각: 중독성 패턴이 나타나기 직전에 하는 생각	느낌: 중독성 패턴이 나타나기 직전의 감정
필요 이상으로 자주 이메일을 확인한다.	보통 노트북으로 작업하고 있다.	집중력을 잃고 산만해지거나 무엇을 해야 할지 잘 모르겠다고 생각한다.	지쳤거나 심리적 부담감을 느낄 때, 할 일이 너무 많아서 막막하고 좌절감을 느낄 때 스스로에게 보상을 주고 싶어 한다. 이런 감정은 내가 많은 것을 성취하기 전이나 전혀 성취하지 못한 상태에서 자주 느낀다.

연습: 중독성 패턴에 대한 촉발 요인(두 번째 원)

(예시: 앤디)

바꾸고 싶은 강박적인 패턴	행동: 중독성 패턴이 나타나기 직전에 하는 행동	생각: 중독성 패턴이 나타나기 직전에 하는 생각	느낌: 중독성 패턴이 나타나기 직전의 감정
과도한 운동	헬스장에서 운동의 중후반부에 이르렀을 때	조금만 더 하면 근육이 더 생기고, 더 날씬해지고, 더 강해질 거라고 생각한다.	열심히 하지 않았다는 죄책감을 느낄까 봐 두렵고, 피부가 근질거리는 느낌을 받는다.

고 싶다는 충동을 느낀다. 그는 이렇게 생각한다. '조금만 더 하면 근육이 더 생기고, 더 날씬해지고, 더 강해질 거야.' 앤디는 열심히 하지 않았다는 죄책감을 느낄까 봐 두려웠고, 피부가 근질거리는 느낌을 받았다. 피부가 근질거리는 느낌은 몸과 마음의 강력한 연결 상태를 보여준다.

연습: 중독성 패턴에 대한 촉발 요인(두 번째 원)

(직접 작성해 보자.)

바꾸고 싶은 강박적인 패턴	행동: 중독성 패턴이 나타나기 직전에 하는 행동	생각: 중독성 패턴이 나타나기 직전에 하는 생각	느낌: 중독성 패턴이 나타나기 직전의 감정

중독 물질 및 행동의 촉발 요인에 대응하기 위해 '만약-그렇다면(If-then)' 형태의 문장을 작성해 보면 좋다. "만약 내가 파티에 갔는데 누군가가 나에게 와인을 권한다면, 나는 고맙지만 오늘은 콤부차만 마실 거라고 대답할 것이다." "틱톡을 보다가 화면에 시간 제한 알림이 뜨면, 영상을 계속 볼지 결정하기 전에 5분 동안 휴대폰을 내려놓겠다." 거부하기 힘들 것 같은 충동이 생길 때를 예상하고 구체적인 대응 계획을 미리 세우면 도움이 된다.

환자들은 종종 나에게 이렇게 묻는다. "끊고 싶은 보상을 다른 보상으로 대체할 수 있나요?" 대마초를 담배로, 컵케이크를 소셜 미디어로 대체할 수 있냐는 질문이다. 이런 경우에는 하나의 중독을 다른 중독으로 대체하는 교차 중독의 위험이 있다. 산책을 하거나, 친구에게 연락하거나, 호흡 운동을 하는 것처럼 건강하고 적응적인 대체 행동은 괜찮다. 하지만 다른 중독성 물질은 경계해야 한다. 표에 '만약-그렇다면' 문장을 사용해 촉발 요인에 대한 세 가지 구체적인 대응 계획을 세워 보자.

나는 일하다가 지루함, 피곤함, 좌절감을 느낄 때 스스로에게 보상을 주고 싶어진다(보상을 받을 만한 일을 아직 하지 않았더라도). 그때 다음처럼 할 수 있다. (1) 내가 있던 자리에 잠시 그대로 앉아 숨을 깊게 들이마시고 내쉬며 창밖의 자연과 하늘을 보고 휴

연습: 촉발 요인 행동 대응 계획

(예시: 애나)

촉발 요인	비상 계획 1	비상 계획 2	비상 계획 3
일하다 지루함, 피곤함, 좌절감을 느낄 때 스스로에게 보상을 주고 싶어진다(보상을 받을 만한 일을 아직 하지 않았더라도).	내가 있던 자리에 잠시 그대로 앉아 숨을 깊게 들이마시고 내쉬며 창밖의 자연과 하늘을 보며 휴식을 취한다.	손에 쥐고 주무를 수 있는 장난감을 사용해 잠깐이라도 손이 무의식적으로 움직이게 한 뒤, 하던 일을 마저 한다.	의자에서 일어나 다른 방으로 가거나 바깥으로 나가 자연 속에 앉아 있거나 산책한다.

식을 취한다. (2) 손에 쥐고 주무를 수 있는 장난감을 사용해 잠깐이라도 손이 무의식적으로 움직이게 한 뒤, 하던 일을 마저 한다. (3) 의자에서 일어나 다른 방으로 가거나 바깥으로 나가 자연 속에 앉아 있거나 산책한다. 욕구와 행동 사이에 틈새가 생기도록 잠시 멈추기만 해도 원래의 목적에 다시 연결되어 강박적인 반복에서 벗어날 수 있다.

앤디는 계획한 운동이 끝났는데 시간이 남아서 과도하게 운동할 가능성이 있으면, 다음과 같이 한다. (1) 미리 정한 반복 세트 수를 채우면 멈추어야 한다고 나에게 상기시킨다. (2) 휴게실로 가서 물을 마시고 '내가 정말 하고 싶은 일'이 무엇인지 생각해 본다. (3) 헬스장에서 나와 항상 일찍 일어나는 엄마에게 전화

연습: 촉발 요인 행동 대응 계획

(예시: 앤디)

촉발 요인	비상 계획 1	비상 계획 2	비상 계획 3
계획한 운동이 끝났는데 시간이 남아서 과도하게 운동할 가능성이 있다.	미리 정한 반복 세트 수를 채우면 멈추어야 한다고 나에게 상기시킨다.	휴게실로 가서 물을 마시고 '내가 정말로 하고 싶은 일'이 무엇인지 생각해 본다.	헬스장에서 나와 항상 일찍 일어나는 엄마에게 전화한다.

한다. 앤디는 현명하게 자신의 행동에 대한 안전장치를 마련하기 위해 다른 사람들에게 의지했다.

이제 당신 차례다. 중독 물질과 행동의 촉발 요인을 관리하기 위해 '만약-그렇다면'은 자기 구속의 형태로 사전에 행동을 계획할 수 있게 한다.

연습: 촉발 요인 행동 대응 계획

(직접 작성해 보자.)

촉발 요인	비상 계획 1	비상 계획 2	비상 계획 3

———

지금까지 촉발 요인과 관련된 두 번째 원에 집중해 보았다. 이제 가장 바깥쪽 원인 '건강한 대안 행동'을 살펴볼 차례다. 여기에는 우리 삶에 주가 되었으면 하는 행동들이 나열되어 있다. 이 연습은 우리가 가까워져야 할 것들과 피해야 할 것들을 생각해 보게 한다. 대부분은 의지력을 발휘해 어느 정도는 충동을 이겨낸다. 하지만 의지력이 바닥난 후에는 어떻게 될까? 계속해서 중독 물질과 행동을 거부하기란 쉽지 않다.

가치관에 따라 건강한 삶에 집중하면 매 순간 전쟁을 하듯 경쟁하는 대신, 자신의 가치관과 건강에 대한 다짐을 재확인하는 긍정적인 경험으로 바꿀 수 있다. 우리 자신과 중독 물질 및 행동 사이에 장벽을 만들면 좋다. 더하여 자기가 추구하는 긍정적이고 건강한 활동에 집중하고, 그런 활동이 건강이나 성취를 위한 장기적인 목표에 어떻게 부합하는지 구체적으로 생각해야 한다.

먼저 자신의 가치관이 무엇인지부터 알아야 한다. 사회과학에서 가치관이란 우리가 어떻게 살아갈지를 알려주는 신념이다. 어디에서 의미를 찾고, 무엇이 중요하다고 여기는지를 기반으로 한다. 가치관은 일상적인 선택을 할 때 무엇을 추구할지 그리고 무엇을 자제할지 결정한다.

'가치관 기반 자기 구속'의 표에서 가치관이 우리가 바꾸기 위해 노력하는 중독 물질이나 행동과 어떤 관련이 있는지, 우리의 소비가 가치관, 목표, 지향하는 성격적 특성과 어긋나는지, 가치관과 목표에 더 부합하는 삶을 살려면 어떻게 해야 하는지를 분석할 수 있다.

나의 가장 큰 목표이자 가치관은 좋은 아내, 좋은 엄마가 되는 것이다. 그러기 위해서는 아이들에 대한 강박적인 걱정을 멈추어야 한다. 이 행동을 계속하면 현재에 집중할 수 없고, 아이들에게 필요한 지원을 제공하지 못한다. 강박적인 걱정을 멈추거나 줄이면 아이들에게 상처를 주는 것이 아니라, 도움이 되는 방식으로 함께할 수 있다. 따라서 가치관에 부합하는 삶을 사는 데 도움이 된다.

내 환자 앤디는 건강, 책임감, 정직이라는 가치관을 중요하게 여긴다. 강박적이고 과도한 운동은 앤디의 가치관에 어긋나며, 부상을 유발해 건강을 악화시킨다. 또한 그는 운동량과 운동 강도를 숨기기 위해 거짓말을 한다. 이 행동을 멈추거나 줄이면 앤디는 자신의 가치관에 부합하는 삶을 살 수 있다. 앤디의 말마따나 "부상 없이 건강을 유지하고", "정직하고 성실하며", "스스로를 잘 돌볼 수 있다".

당신은 어떤가? 목표와 가치관에 부합하게 살려는 노력이 자기 구속의 형태가 될 수 있는가?

연습: 가치관 기반 자기 구속

(예시: 애나)

가치관	바꾸고 싶은 중독 물질 또는 행동	계속 사용하는 것이 가치관에 어떻게 위배되는가	사용을 중단하거나 줄이는 것이 가치관에 부합하는 삶을 사는 데 어떻게 도움이 되는가
좋은 아내, 좋은 엄마 되기	아이들에 대한 강박적인 걱정 멈추기	현재에 집중할 수 없고, 아이들에게 필요한 지원을 제공하지 못하게 한다.	아이들에게 도움을 주며 함께 할 수 있다.

연습: 가치관 기반 자기 구속

(예시: 앤디)

가치관	바꾸고 싶은 중독 물질 또는 행동	계속 사용하는 것이 가치관에 어떻게 위배되는가	사용을 중단하거나 줄이는 것이 가치관에 부합하는 삶을 사는 데 어떻게 도움이 되는가
건강, 책임감, 정직	강박적이고 과도한 운동	부상으로 건강이 악화되며, 운동량이나 운동 강도를 숨기기 위해 사랑하는 사람들과 동료, 고객에게 거짓말을 한다.	부상 없이 건강을 유지하고, 정직하고 성실하며, 스스로 잘 돌볼 수 있다.

연습: 가치관 기반 자기 구속

(직접 작성해 보자.)

가치관	바꾸고 싶은 중독 물질 또는 행동	계속 사용하는 것이 가치관에 어떻게 위배되는가	사용을 중단하거나 줄이는 것이 가치관에 부합하는 삶을 사는 데 어떻게 도움이 되는가

122

가치관과 더불어 다른 사람들과의 관계도 중요하다. 인간은 사회적 동물이기에 좋든 나쁘든 주변의 영향을 받는다. 따라서 주위에서 모두가 하는 행동을 멈추는 것은 몹시 어렵다. 마찬가지로, 한정된 기간에는 자신이 속한 집단의 규범이 아닌 새로운 행동을 시작할 수 있지만 수개월에서 수년 동안 지속하기는 힘들다.

강박적 과소비를 줄이거나 멈출 때는 누구와 교류할지 신중하게 선택해야 한다. 특정한 사람들과 거리를 두라는 의미다. 도파민 디톡스나 절제 프로젝트 실천을 지지해 줄 사람들 혹은 함께 노력할 사람들을 찾아보아도 좋다.

책임감 있는 친구를 직접 찾아 나설 수도 있다. '익명의 알코올 중독자들' 같은 공식적인 지지 단체에 가입하는 것도 도움이 된다. 다른 사람과의 연대는 건강한 삶을 살기 쉽지 않은 도파민 과부하 세상에서 변화를 만들어낸다.

도파민 디톡스 계획을 세웠다면, 친구나 책임감 있는 파트너, 신뢰할 수 있는 사람과 공유해 보자. 처음에는 말하기 어려울 수 있다. 자신이 중독된 물질과 행동을 다른 사람에게 공유하는 것이 껄끄럽고, 불편할 수도 있다.

나는 로맨스 소설로 시작해 결국에는 에로 소설에 중독되었다.

그 사실을 고백하기가 무척 수치스러웠다. 공인된 의사로서 스스로를 잘 다스리고 통제해야 한다고 느꼈고, 강박적 과소비를 인정하면 내 직업적 정체성이 훼손될 수 있다고 생각했다.

하지만 나는 중독 행동을 동료에게 털어놓은 후 어떤 조처를 할 수 있었다. 이 단계를 위해 안심하고 털어놓을 수 있고 신뢰할 수 있는 사람 1~3명의 이름을 적어보자. 그들에게 이 책을 함께 살펴보면서 도와달라고 부탁하거나 함께하자고 요청해 보는 것도 괜찮다.

이름 옆에 다른 사람에게 나의 강박적 과소비를 고백한다고 상상하면 어떤 감정이 떠오르는지 적어보기를 바란다. 혹시 비난받거나 버림받을 것 같다는 두려움이 떠오르는가? 내 경험상 신뢰할 수 있는 사람이라면 잘못을 털어놓아도 비난하거나 외면하지 않는다. 오히려 그들은 더 큰 사랑을 주고, 당신이 속마음을 이야기해 주어서 더 가까워졌다고 느낀다.

내 환자 라일리는 12단계 프로그램의 진행자인 샘과 자신의 친구 조나에게 문제를 털어놓을 때 예상되는 느낌으로 "내가 불완전한 사람임을 알리게 되어 부끄럽고 창피하다. 그들이 문제를 과소평가하고 내가 과민 반응한다고 생각할까 봐 두렵다"라고 말했다. 내가 이해받을 수 없고, 주관적인 경험이 부정당할 수 있다는 두려움은 나의 생각과 감정을 숨기게 한다. 또 타인과 자기 눈에 더 이상해 보이지 않도록 거짓말하게 만든다.

연습: 목표 달성 파트너

(예시: 라일리)

속마음을 털어놓을 수 있는 사람	속마음을 이야기했을 때 예상되는 느낌
12단계 프로그램 진행자인 샘, 친구 조나	내가 불완전한 사람이라는 것을 알리게 되어 부끄럽고 창피하다. 그들이 문제를 과소평가하고 내가 과민 반응한다고 생각할까 봐 두렵다.

연습: 목표 달성 파트너

(직접 작성해 보자.)

속마음을 털어놓을 수 있는 사람	속마음을 이야기했을 때 예상되는 느낌

당신은 어떤가? 누구에게 속마음을 털어놓을 수 있을 것 같은가? 다른 사람에게 자신의 본모습을 드러낸다고 생각했을 때 어떤 감정이 떠오르는가?

———

DOPAMINE의 또 다른 A는 **금욕주의**Asceticism다. 금욕주의는 사람마다 다르게 해석된다. 이 책에서는 원시적 본능을 현대적인 생태계에 맞추기 위해 일부러 어렵고 고통스러운 활동을 쫓는 생활 방식을 말한다. 우리는 생존자다. 우리는 투쟁을 위해, 특히 육체적 투쟁을 하도록 설계되었다. 그러나 현대 사회에서 인간은 대부분의 고통으로부터 보호된다. 고통뿐만 아니라 다른 모든 종류의 불편함도 마찬가지다. 손가락만 움직이면 무엇을 원하든 전부 제공된다. 이제 우리는 소파에서 일어나는 것조차 힘들어하는 지경이 되었다. 현대 생태계는 비활동을 부추긴다. 비활동은 무기력을 낳는다. 무기력은 불안과 우울증을 낳는다. 우리는 이것에 맞서 싸워야 한다.

부유한 현대 사회의 가장 큰 역설은 자연스러운 고통의 원인을 지나치게 철저히 제거한 나머지, 고통을 인위적으로 만들게 되었다는 것이다. 대단한 인류의 성취 아닌가! 우리는 정말로 그렇게 해야 한다. 의도적으로 고통스러운 자극에 노출되면 뇌는 도파민뿐만 아니라 기분이 좋아지는 다양한 화학물질을 분비한다. 자해나 극단적인 형태의 고통을 권장하려는 건 당연히 아니다. 건강을 해치지 않고 오히려 증진시키는 적절한 수준의 도전 과제가 필요해졌다는 말이다.

쾌락-고통의 저울과 그렘린 이야기로 돌아가 보자. 저울이 계속해서 쾌락 쪽에 치우치면 그렘린들이 반대편, 즉 고통 쪽으로 몰려든다. 반대로, 저울의 고통 쪽에 무게를 실어주면 그렘린들이 쾌락 쪽으로 몰려든다. 대가(고통)를 선불로 지불함으로써 간접적으로 도파민을 얻고 불안, 우울증, 갈망을 초래하는 도파민 결핍 상태를 피할 수 있다.

이것이 바로 '움직이게 하다'라는 뜻의 그리스어, **호르메시스** hormesis의 과학이다. 호르메시스는 경미하거나 적당한 수준의 혐오 자극에 생명체를 노출하면 도파민, 세로토닌serotonin, 노르에피네프린norepinephrine, 내인성 오피오이드endogenous opioids, 내인성 칸나비노이드endogenous cannabinoids 등 긍정적인 감정을 만드는 신경 전달물질을 증가시킨다는 사실을 밝힌 과학 분야다. 신체가 고통에 노출되면 자가 치유 메커니즘이 작동하기 시작한다. 예를 들어 운동, 얼음장 같은 물에 뛰어드는 것, 간헐적 단식 등이다. 신체적 고통뿐만 아니라 명상, 기도, 인지적 도전, 감정적 도전, 창의적 노력 등 지속적인 집중력이 필요하고 불편함을 견뎌야 하는 정신적 고통도 포함된다.

고통스러운 활동을 하는 동안 도파민 수치는 천천히 오르고 이후 몇 시간 동안 상승된 상태를 유지한다. 서서히 기준선으로 내려가지만 결코 기준선 아래로는 떨어지지 않는다.

이러한 활동에는 필연적으로 저항이 따라온다. 우리는 쾌락과 고통의 초기 자극에 대해서는 예민하게 기억하지만, 그 후에 찾아오는 그렘린들은 잘 기억하지 못한다. 쾌락을 추구할 때는 그 뒤에 따라오는 고통을 떠올리지 못한다. 마찬가지로, 고통을 추구할 때는 그 뒤에 따라오는 쾌락을 잊어버린다.

아침에 막 일어났을 때는 운동을 하면 기분이 얼마나 좋아지는지가 떠오르지 않는다. 운동이 괴롭다는 생각만 들어서 도저히

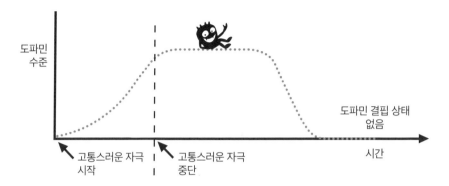

호르메시스: 쾌락을 느끼기 위한 고통 추구

도파민
수준

도파민 결핍 상태
없음

시간

고통스러운 자극
시작

고통스러운 자극
중단

하고 싶은 마음이 안 든다. 운동 같은 신체적·심리적 고통을 실
천하기 위해서는 고통 뒤에 오는 쾌락을 상기할 수 있어야 한다.
힘든 일을 한 후에 느낀 긍정적인 감정을 글로 기록하고, 그 글

을 가까운 곳(침대 협탁 위, 컴퓨터, 데스크톱 디지털 노트 등)에 두고 보면 좋다. 잠깐은 고통스럽더라도 결과적으로 유익하고 건강한 행동이었음을 인지함으로써 의지력이 생긴다. 또한 분명 긍정적인 감정을 가져올 행동을 피했을 때 절망, 실망, 무기력 등 부정적인 감정이 따라온다는 사실을 알게 된다. 힘든 일을 한 후 느끼는 긍정적인 감정을 적어둔 메모는 미래의 나에게 보내는 쪽지다. 내가 미래의 나에게 쓴 쪽지는 다음과 같다.

> 애나에게.
>
> 내일 아침에 눈을 뜨면 주위가 어두워서 침대에서 일어나고 싶지 않을 거야. 이대로 가만히 누워 있는 게 최선이라고 생각하겠지. 하지만 아니야. 충분히 일어날 만한 가치가 있어. 침대에서 일어나! 운동을 하지 않으면 짜증이 나고 상실감을 느낄 거야. 아침이 아니라 점심에, 저녁에, 오늘 중으로는 꼭 하겠다고 다짐해도 결국 안 할 거야. 아침에 운동을 하면 넌 더 행복해질 거고, 하루 중 가장 좋아하는 순간인 일출도 볼 수 있어.

미래의 나에게 어떤 쪽지를 남기고 싶은가?

연습: 미래의 나에게 보내는 쪽지

(직접 작성해 보자.)

_____

_____

_____

_____

_____

_____

_____

_____

_____

_____

_____

_____

고통을 통해 보상 경로를 재설정하는 금욕적 활동은 다양하다. 다음은 나의 경험과 수년간 환자들이 나에게 들려준 이야기를 바탕으로 정리한 목록이다.

작곡, 악기 연주, 어려운 책 읽기, 휴대폰을 들여다보고 있는 대신 바리스타나 가게 주인, 점원과 대화하기, 운전하는 대신 걷거나 자전거 타기, 감사 편지 쓰기, 오랜 친구나 부모님, 조부모님께 연락하기, 솔직하게 말하기, 사과하기, 적당히 운동하기, 얼음장 같은 물에 뛰어들기, 간헐적 단식, 기도, 명상, 요리, 정원 가꾸기, 반려동물 돌보기, 아이들과 시간 보내기, 자연 속에서 시간 보내기, 옷장 정리, 세차…. 방법은 다양하다.

활동 자체는 고통스럽지 않지만, 즉각적인 만족을 주지 않는 활동도 있다. 이런 활동은 오랜 시간 꾸준히 노력해야 혜택을 누릴 수 있다. 일례로 기도와 명상은 때때로 즐거움을 주지만, 항상 그렇진 않다. 온전한 혜택을 누리려면 하고 싶지 않아도 꾸준히 해야 한다. 음주 문제로 힘들어하던 환자는 기도의 혜택을 누리기 위해서는 꼭 기도를 하고 싶어 하지 않아도 된다는 사실을 깨달았다고 말했다. 좋은 감정이 찾아오기 전에 좋은 행동부터 하는 것이 초기 회복 과정에서 필요하다.

앞서 언급한 활동 중 어떤 것들은 매우 평범하고 일상적이다.

연습: 호르메시스

(보상 경로를 재설정하기 위해 이미 하고 있거나 앞으로 하고 싶은 활동에 표시해 보자.)

작곡, 악기 연주	어려운 책 읽기	휴대폰을 들여다보고 있는 대신 바리스타나 가게 주인, 점원과 대화하기	운전하는 대신 걷거나 자전거 타기
감사 편지 쓰기	오랜 친구나 부모님, 조부모님께 연락하기	솔직하게 말하기	사과하기
적당히 운동하기	얼음장 같은 물에 뛰어들기	간헐적 단식	기도
명상	(디지털 기기는 끄고) 요리	(디지털 기기는 끄고) 정원 가꾸기	(디지털 기기는 끄고) 반려동물 돌보기
(디지털 기기는 끄고) 아이들과 시간 보내기	(디지털 기기는 끄고) 자연 속에서 시간 보내기	(디지털 기기는 끄고) 옷장 정리	(디지털 기기는 끄고) 세차

하지만 '디지털 기기를 끄고' 디지털 미디어나 음악으로 인한 자극을 없앤 상태로 시도하면 도전이 된다. 오늘날에는 높은 보상을 주는 감각 신호로 뇌를 자극하는 데 익숙해져 있다. 그래서 외부 자극 없이 조용히 앉아 시간을 보내는 것조차 노력이 필요해졌다.

앞의 '호르메시스' 표에서 건강한 균형을 회복하기 위해 이미 하고 있거나 더 많이 하고 싶은 도전적인(금욕적인) 활동에 표시해 보자. 목록에 없는 다른 금욕적인 활동을 추가해 보아도 좋다.

운동에 중독되었던 앤디는 양육권 일정에 따라 수요일 저녁과 격주 주말에 딸을 만난다. 앤디는 그 시간을 딸에게 "온전히 집중"하기로 결심했다. 그는 이 활동 직전에 자기의 뇌가 어떤 종류의 저항을 만들지 생각해 보았다. 앤디는 딸과 만나기 직전에 "불안하고, 초조하고, 직장에서 미처 마무리하지 못한 일들을 떠올리거나, 운동 중독에서 벗어날 방법을 고민"한다고 말했다. 강박적인 행동을 어떻게 해결할지 생각하는 것 자체가 또 다른 강박이 되어, 해소하기 위해 노력이 필요하다는 언급은 흥미롭다. 앤디는 딸에게 관심을 집중한 후 느낀 감정을 "행복하다. 자신에 대해 긍정적인 느낌이 들고, 내가 관심을 집중하니 딸도 행복해한다"라고 설명했다.

당신은 어떤가? 다음 연습에서 언제, 어떤 도전적이고 금욕적인 활동을 할지 적어보자. 평소라면 중독 물질을 사용하거나 행

연습: 호르메시스 전후의 주관적인 행복감 추적

(예시: 앤디)

쾌락 없이 건강하게 할 수 있는 도전적인 활동	이 활동을 할 수 있는 시기: 요일과 시간	활동을 하기 직전의 감정: 그에 대한 생각	활동 직후의 감정: 그에 대한 생각	고통 뒤의 쾌락을 상기시키고 도전적인 활동을 더 쉽게 하기 위해 내가 할 수 있는 일
딸과 함께 시간을 보내고 딸에게 온전히 집중한다.	수요일 저녁 및 격주 주말(양육권 일정)	불안하고, 초조하고, 직장에서 미처 마무리하지 못한 일들을 떠올리거나, 운동 중독에서 벗어날 방법을 고민한다.	행복하다. 자신에 대해 긍정적인 느낌이 들고, 내가 관심을 집중하니 딸도 행복해한다.	딸을 만나기 전에 잠깐 시간을 내서, 아이와 함께할 때 아이의 관심사에 집중하는 것이 기분이 더 나아지고 평화로워진다는 것을 상기한다.

동했을 시간에 금욕적인 활동을 하면 어떨지 고려해 보라. 저녁에 담배를 피우는 대신 산책을 하거나, 어려운 책을 읽거나, 친구에게 전화하거나, 찬물로 샤워해 보는 것이다. 적당한 고통 뒤에는 항상 즐거움이 따른다는 사실을 상기하기 위해 활동 직전과 직후의 기분을 생각해 보고, 할 수 있는 일이 있는지 살펴보기를 바란다.

연습: 호르메시스 전후의 주관적인 행복감 추적

(직접 작성해 보자.)

쾌락 없이 건강하게 할 수 있는 도전적인 활동	이 활동을 할 수 있는 시기: 요일과 시간	활동을 하기 직전의 감정: 그에 대한 생각	활동 직후의 감정: 그에 대한 생각	고통 뒤의 쾌락을 상기시키고 도전적인 활동을 더 쉽게 하기 위해 내가 할 수 있는 일

육체적으로 고통스러운 활동에 도전할 때는 무리하지 않도록 주의해야 한다. 지나친 고통은 금욕주의가 아니다. 특히 건강한 행동(운동 등)조차 중독되도록 설계된 약물화된 오늘날에는 고통에도 중독된다.

지나친 고통의 예시로는 자해, 과도한 운동, 매우 제한적인 식단 등이 있다. 자해는 내인성 오피오이드를 분비시킨다. 내인성 오피오이드는 빠르게 고갈되기 때문에 같은 효과(쾌락)를 얻으려면 점점 더 자주, 더 깊게 자해해야 한다. 그 결과, 신체에 장기적인 해를 끼친다. 운동도 마찬가지다. 과도한 운동은 기분을 좋게 만드는 신경전달물질의 조절 능력을 소모시키고, 부상과 과훈련 증후군overtraining syndrome으로 이어진다. 지나치게 강하거나 오래 지속되는 통증 자극은 긍정적인 신경 적응으로 이어지지 않는다. 저울에서 고통 쪽에 부담이 과중해지면 기분을 좋게 만드는 신경전달물질이 오히려 고갈된다. 적당한 고통은 저울을 더 민감하고 회복력 있게 만들지만, 과도한 고통은 균형을 깨뜨린다.

놀 때도, 일할 때도 열심히 해야 된다는 사고방식도 경계해야 한다. 모든 방면에서 최선을 다하겠다는 생각은 고통 쪽에 무게를 실어준다. 길고 스트레스 많은 하루를 보낸 뒤 술을 진탕 마시거나 과식하고, 디지털 미디어를 과도하게 즐기며 강력한 쾌락으로 고통에 대한 보상을 얻으려 한다. 이런 패턴으로는 당연히 쾌락과 고통의 균형을 유지할 수 없다.

자발적으로든 강제적으로든 너무 열심히 일하느라 과도한 스트레스에 노출된 적이 있을 것이다. 길고 고달팠던 하루가 끝나고, 커다란 보상을 나에게 제공하지 않고서는 긴장을 풀거나 회복할 수 없었던 경험이 있는가? 나는 일이 너무 많을 때, 특히 출장이 잦을 때 그랬다. 귀가 후에 마음을 진정시키기 위해 과식하고 몇 시간 동안 아무 생각 없이 유튜브만 보았다. 달리할 수 있는 일이 없는 것 같았다. '큰 고통-큰 보상'의 악순환에서 벗어나기 위해서라도 스트레스 요인을 최대한 처음부터 줄여 스트레스로 인한 소비 갈망이 생기지 않도록 노력해야 한다.

보상(코카인)을 주는 버저를 누를 수 있게 교육된 쥐는 지칠 때까지 그 버저를 누른다. 하지만 충분히 오랜 기간 코카인을 제공하지 않으면 '버저를 누르면 보상을 얻는다'는 행동이 소멸하면서 결국 버저 누르기를 멈춘다. 하지만 그때 쥐의 발에 고통스러운 충격을 가하면, 쥐는 즉시 버저로 달려가 예전에 받았던 코카인을 얻기 위해 다시 버저를 누른다. 스트레스는 과거에 도파민을 얻기 위해 했던 강박적인 행동으로 다시 돌아가게 만든다. 자기 파괴적인 행동이라 해도 말이다. 반사적이고 자기 파괴적인 행동으로 돌아가지 않기 위한 첫 번째 단계는 '인식'이다. 두 번째 단계는 '스트레스 요인 피하기'다.

연습: 열심히 일하고 열심히 노는 함정 피하기

(예시: 애나)

스트레스로 인해 강박적 과소비를 유발하는 예시	스트레스 해소를 위해 사용하는 물질이나 행동	열심히 일하고 열심히 논다는 사이클 끝에 내가 느끼는 감정	스트레스 요인을 제한하는 방법	스트레스를 더 잘 다루는 방법
업무를 위한 출장, 특히 비행기를 타는 출장	유튜브 또는 틱톡 보기	더 나빠진다. 스트레스를 해소하는 데 도움이 되지 않는다. 나에게 부정적인 감정을 느낀다.	반드시 가야 하는 출장만 간다.	운동, 가족이나 친구와 대화하기, 잠자기

나는 잦은 출장이 커다란 스트레스 요인이기에, 삶의 균형을 유지하기 위해 출장 시기와 빈도를 신중하게 결정한다.

스트레스가 강박적 과소비를 유발하는 상황과 그런 스트레스 요인에 어떻게 대응했는지, 스트레스를 줄이기 위해 무엇을 할 수 있는지 생각해 보자. 더하여 스트레스 요인을 피할 수 없을 때를 대비한 건강한 대처 전략을 미리 짜두어야 한다.

연습: 열심히 일하고 열심히 노는 함정 피하기

(직접 작성해 보자.)

스트레스로 인해 강박적 과소비를 유발하는 예시	스트레스 해소를 위해 사용하는 물질이나 행동	열심히 일하고 열심히 논다는 사이클 끝에 내가 느끼는 감정	스트레스 요인을 제한하는 방법	스트레스를 더 잘 다루는 방법

요약 ————

- 도파민 디톡스를 계획하며 무엇을, 언제, 얼마나 오래 끊을지 결정했다. 권장되는 기간은 4주지만 4주 동안 도파민 디톡스를 실천할 수 없는 사람도 있다.
- 자기 구속은 욕구와 소비 사이에 물리적인 메타인지 장벽을 만들어 일시 정지 버튼을 누를 수 있도록 의지력을 활용한다.
- 금욕주의, 즉 호르메시스^{hormesis}의 과학은 고통을 과도하게 느끼지 않는 선에서 도파민처럼 긍정적인 기분을 만드는 신경전달물질을 간접적으로 얻기 위해 미리 대가를 지불한다.

다음 장으로 넘어가기 전에 도파민 디톡스를 시작해야 한다. 5장과 6장의 연습 문제는 도파민 디톡스 기간, 특히 금단 증상이 절정에 이르는 첫 10일에서 14일 동안 완료해야 한다.

5 장

마음 챙김

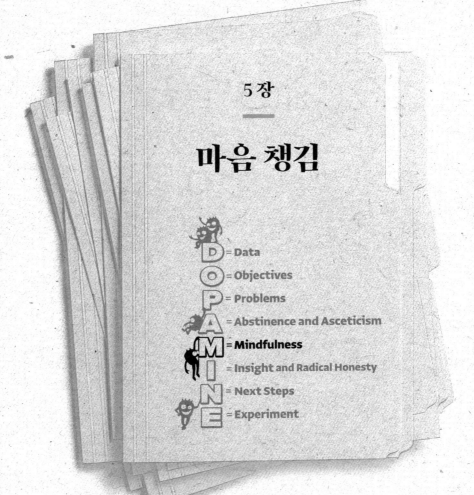

D = Data
O = Objectives
P = Problems
A = Abstinence and Asceticism
M = **Mindfulness**
I = Insight and Radical Honesty
N = Next Steps
E = Experiment

DOPAMINE의 M은 **마음 챙김**Mindfulness이다. 5장의 연습 항목은 도파민 디톡스의 초기 단계에 완료하는 편이 좋다. 마음 챙김이라는 단어는 최근 자주 사용되지만, 그 의미에 대한 설명이 충분하지 않은 경우가 많다.

마음 챙김은 자신의 생각과 감정을 호기심과 연민을 가지고 관찰하는 것이다. 나를 들여다보는 일에서 도망치지 않아야 한다. 마음 챙김은 기술이다. 더 많이 연습할수록 더 잘할 수 있다.

다른 정신 활동에서는 생각과 감정이 자발적으로, 때로는 의식 너머에서 일어난다. 하지만 마음 챙김은 마음을 관찰하기 위해 마음을 사용한다. 자신의 마음을 관찰하다 보면 세 가지 중요한 결론에 빠르게 도달한다.

첫 번째, 마음은 바쁘다. 생각과 감정의 흐름은 빠르게 흐르는 강과 같다. 끊임없는 흐름은 벅차게 느껴질 수도 있다.

두 번째, 생각과 감정은 의도하지 않아도 저절로 생겨나며 때로는 이상한 것들이 떠오르기도 한다. 그래도 괜찮다. 판단하지 않고 마음을 관찰해야 한다는 것을 기억하라.

세 번째, 생각과 감정은 덧없이 지나가고 반복된다. 부정적인 생각도 그렇다. 부정적인 생각이 끝없이 밀려와 벅찰 때가 있겠지만, 관찰자로서 적당한 거리를 유지하면 부정적인 생각이 지나갈 때까지 견디는 법을 배울 수 있다.

이런 종류의 인내와 절제 그리고 고통스러운 생각과 감정이 일시적이라는 믿음은 중독되어 있던 물질을 충분한 시간 동안 끊어 보상 경로를 재설정하기 위한 중요 요소다.

———

쾌락과 고통의 신경과학은 뇌에서 무슨 일이 일어나는지를 알려주는 틀이다. 이 틀을 이해하면 마음 챙김을 실천할 때 도움이 된다.

『도파민네이션』의 한 독자는 저울의 고통 쪽에서 뛰어다니는 그렘린의 모습을 상상하는 것만으로도 금연에 큰 도움이 되었다고 말했다. "이젠 담배를 피우고 싶어질 때마다 '그렘린들아 반대쪽으로 가버려!'라고 나에게 말해요. 유치해서 웃기죠. 하지만 그 유치한 행동이 내가 계속 나아가는 데 필요한 자극을 줘요."

도파민 디톡스를 진행하는 동안, 특히 초기 몇 주 동안에는 마음 챙김의 도움을 받았다. 불안, 과민성, 불면증, 불쾌감, 갈망 등

쾌락   고통

의 보편적인 금단 증상을 견디는 데 큰 힘이 되었다.

도파민 디톡스의 첫 번째 단계에서 금단 증상이 최고조에 이르렀을 때, '디톡스를 끝내고 중독 물질을 다시 사용하라'고 뇌가 메시지를 보낸다. 뇌는 놀라운 이야기꾼이다. 우리를 설득하기 위해 뇌는 정교한 이야기를 만들어, '도파민 디톡스라는 목표에서 벗어나 다시 중독 물질을 사용하라'고 계속 속삭인다. 노력의 가치를 무효화하는 메시지가 가장 흔하다. '이건 바보 같은 짓이야. 대체 왜 이런 짓을 하는 거야?' 또는 '시간과 에너지를 낭비하는 짓이야. 지금 당장 중독 물질과 행동을 다시 사용해야 하는 이유가 있어. 심지어 그 이유가 하나도 아니고 여러 개야!' 중독 물질과 행동을 부추기는 강력한 목소리에 맞서려면 도파민 디톡스의 길로 들어서게 된 이유를 계속해서 상기해야 한다. 도파민 디톡스가 왜 필요한지, 무엇을 달성하고자 하는지 등 말이다.

운동 중독으로 어려움을 겪었던 앤디는 운동을 갈망하는 뇌의 목소리를 이렇게 묘사했다. "20분 더 운동해서 200칼로리를 태우면 오트밀 한 그릇을 더 먹을 수 있어. 별일도 아니지. 다른 날 운동을 1시간 덜 하면 되잖아. 시간도 있고 체력도 있는데 충분히 운동하지 않았다는 괴로운 감정에 사로잡히고 싶지 않아. 지금은 내 몸과 감정을 스스로 통제하고 있다는 느낌이 필요해." 앤디의 강박적인 운동은 음식 제한과 칼로리 계산이라는 다른 강박적인 행동과도 밀접하게 연관되어 있다. 게다가 통제력을 발휘하여 기분을 더 나아지게 하려는 태도가 중독의 강력한 요소로 작용한다.

앤디는 강박적 운동에 관한 갈망의 목소리에 맞서 스스로에게 말했다. "계속 무리해서 운동하면 부상이 악화될 거야. 강박적 운동을 향한 갈망은 관리할 수 없는 정신 질환이고 나를 공허감, 불안감, 수치심으로 이끌어." 앤디는 장기적으로 자신의 행동에 문제가 있다는 점을 강조했다. 도파민 디톡스 중에 갈망의 목소리가 찾아온다면 앤디처럼 강박적 과소비의 문제점, 그 행동이 가져올 피해를 되뇌면서 반박해 나가야 한다.

다음의 연습에 도파민 디톡스를 그만두라고 중독 물질 및 행동을 합리화하는 뇌의 목소리를 적어보자. 그다음 뇌의 목소리에 반박하며 결심한 목표를 달성해야 하는 이유가 무엇이지 다시 살

연습: 갈망의 목소리에 반박하기

(예시: 앤디)

갈망의 목소리	도파민 디톡스를 해야 하는 이유 상기하기
20분 더 운동해서 200칼로리를 태우면 오트밀 한 그릇을 더 먹을 수 있어. 별일도 아니지. 다른 날 운동을 1시간 덜 하면 되잖아. 시간도 있고 체력도 있는데 충분히 운동하지 않았다는 괴로운 감정에 사로잡히고 싶지 않아. 지금은 내 몸과 감정을 스스로 통제하고 있다는 느낌이 필요해.	계속 무리해서 운동하면 부상이 악화될 거야. 강박적 운동을 향한 갈망은 관리할 수 없는 정신 질환이고 나를 공허감, 불안감, 수치심으로 이끌어.

펴보아야 한다. 지극히 이성적인 척, 중독 물질을 다시 사용해도 괜찮다고 말하는 갈망의 목소리에 반론을 제기하는 것이다.

연습: 갈망의 목소리에 반박하기

(직접 작성해 보자.)

갈망의 목소리	도파민 디톡스를 해야 하는 이유 상기하기

중독 물질과 행동을 끊을 때는 **지루함**이라는 정신 상태를 반드시 인식해야 한다. 지루함은 표면적으로는 사소한 감정처럼 보인다. 하지만 지루함 뒤에는 가장 오랫동안 지속되는 무서운 감정, 살아감에 대한 실존적 공포가 도사리고 있다.

강박적 과소비로 바쁠 때는 자신의 존재 목적을 자세히 들여다볼 필요가 없다. 존재의 이유와 원인, 사는 이유와 죽는 이유를 고민할 틈이 없다. 하지만 주의를 분산시킬 대상이 없으면 지루함이 찾아오고 곧 공포가 따라온다. 지루함이야말로 중독 문제를 재발시키는 가장 흔한 적이다.

그러므로 지루함을 예상하고, 면밀히 검토하고, 환영해야 한다. 지루함이야말로 기회다! 지루함은 삶의 속도를 늦추고, 순간에 집중하게 하며, 다음에 무엇이 올지 기다리게 만든다. 현대인들에겐 견디기 어려운 일이지만, 지루함은 목표와 가치관에 따라 삶과 우선순위를 재정비할 기회를 제공한다. 새로운 아이디어가 탄생하는 데 필요한 공간과 시간을 주기도 한다. 필요necessity가 발명의 어머니라면, 지루함은 그 산파다.

요약 ─────

- 마음은 바쁘다. 중독 물질과 행동을 사용해 생각과 감정을 외면하는 대신, 가만히 관찰하는 방법을 배워야 한다. 자신을 알 수 있는 유일한 방법은 조용히 앉아 자신을 마주하는 것이다.

- 뇌는 삽시간에 강박적 과소비를 유도하는 정교한 이야기를 꾸며낸다. 이러한 갈망의 목소리는 도파민 디톡스를 실천해야 하는 이유가 아무리 많더라도 그렇게 노력할 필요가 없다고 우리를 설득하려 한다. 갈망의 목소리에 반박하기 위해서는 기존의 행동을 왜 바꾸고 싶은지를 스스로에게 상기시키는 연습이 필요하다.

- 중독 물질과 행동을 절제할 때는 '지루함'이라는 문제를 만난다. 지루함은 중독을 재발시키는 흔한 이유 중 하나다. 하지만 지루함이야말로 창의성의 출발점이자 필수 요소임을 명심해야 한다.

5장에선 마음 챙김 기술을 연습했다. 이제 마음 챙김의 발전된 형태인 솔직함을 실천할 준비를 마쳤다. 대부분의 사람은 너무나 자연스럽게 거짓말을 한다. 따라서 완전히 새로운 방식으로 주의를 기울여야만 일상적인 거짓말을 인식할 수 있다.

6 장

통찰과 솔직함

 = Data

= Objectives

= Problems

= Abstinence and Asceticism

= Mindfulness

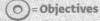 **= Insight and Radical Honesty**

 = Next Steps

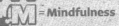 = Experiment

DOPAMINE의 I는 **통찰**Insight이다. 도파민을 쫓다 보면 이상하게도 원인과 결과를 볼 수 있는 능력을 잃어버린다. 세상은 복잡한 곳이고, 많은 힘이 동시에 작용하여 결과를 만들어낸다. 아무리 주의를 기울여도 무엇이 원인이고 결과인지 정확하게 알아내기 어렵다. 하물며 강박적 과소비의 소용돌이에 휘말린 상태에서는 중독 대상을 과대평가하게 되고 이를 경고하는 신호를 더 잘 놓친다. 따라서 우리는 충동 및 원초적 감정의 영역인 '자각몽' 속에 있다.

도파민 디톡스는 중독의 소용돌이에서 벗어나 있는 그대로 행동을 관찰할 충분한 기회를 제공한다. 나를 찾은 환자들은 디톡스를 마친 후 중독되었던 자신의 모습에 새삼스레 놀란다. 그들은 이렇게 말한다. "대마초가 불안증에 도움이 된다고 생각했는데 지금 생각해 보니 절 더 악화시켰네요." "유튜브와 틱톡 시청은 무해하게 시간을 보내는 방법처럼 보였어요. 지금은 그 시간이 도리어 나를 우울하게 만들었다는 걸 알아요." 환자들은 중독적인 활동을 하고, 사용하고, 숨기기 위해 애쓴다. 그 과정에서 더 생산적인 목표를 위해 쓸 수 있는 시간, 에너지, 돈, 창의성을 얼마나 낭비했는지 깨달으면 큰 충격을 받는다.

———

도파민 디톡스 외에도 통찰력을 높이는 방법이 있다. 환자들에게 추천하고 나도 통찰력을 키우기 위해 매일 실천하는 도구가 바로 **솔직함**(철저한 정직함)이다.

솔직함은 중요하지 않아 보이는 사소한 일에서도 항상 진실을 말하자는 약속이다. 특히 자신의 실수를 은폐하거나 다른 사람의 눈에 비추어질 나의 모습을 조작하기 위해 거짓말하지 않으려 노력해야 한다. 평균적으로 성인이 하루에 1~2개의 거짓말을 한다는 점을 고려하면, 솔직함을 실천하기가 쉽진 않다. 나는 환자들에게 "4주 동안 중독된 물질을 중단하는 것 외에도, 이번 달에는 사소한 거짓말도 하지 않기 위해 노력해 달라"고 요청한다.

어쩌면 당신은 중독 물질의 사용과 관련한 대인 관계 문제나, 강박적 거짓말로 인한 단절을 경험해 본 적 없을지도 모른다. 하지만 그런 문제를 직면해 본 적 없는 사람일수록 6장이 중요하다.

솔직함은 뇌의 다양한 수준에서 작용하여 강박적 과소비를 억

제한다. 여기서는 (1) 솔직함과 전두엽 피질 (2) 솔직함과 친밀감 (3) 솔직함과 풍요로운 사고방식 (4) 솔직함과 친사회적 수치심을 살펴보겠다.

(1) 솔직함과 전두엽 피질

중독에 빠졌을 때 하나부터 열까지 거짓말을 했다고 고백한 환자가 있었다. 그는 그때 자기가 왜 그렇게 행동했는지 모르겠다는 말을 덧붙였다. 한 번은 버거킹에서 점심을 먹으면서, 통화 중이던 친구에게 "맥도날드에 있다"고 말했다. 맥도날드에 있었다면 "버거킹"이라고 대답했을 것이다.

"나도 그때의 내가 이해 안 가요. 그냥 거짓말하는 습관이 생겼던 것 같아요."

나는 덜 이기적이고 더 중요한 사람으로 보이기 위해 사소한 거짓말을 한다. 회의에 늦으면 "늦어서 죄송해요. 교통 체증이 심했어요"라고 말하는 식이다. 왜 그냥 "늦어서 죄송합니다"라고 솔직하게 말하지 못할까? 또한 다른 사람들을 내 뜻대로 다루기 위하여 내가 피해자인 척 사건을 과장하곤 한다. 예를 들어 실제로는 5분밖에 기다리지 않았는데 "그 사람을 20분이나 기다렸어요!"라고 부풀린다.

이런 거짓말을 나조차 의식하지 못하기 때문에 내가 거짓말을 하고 있다는 걸 모른다. 진실만을 말하려고 애쓰지 않으면 반사적으로 거짓말이 튀어나온다. 그런데 나만 그런 것이 아니다. 누구나 쉽게 거짓말하는 습관에 빠진다. 인간은 거짓말을 무기와 방패로 사용하도록 설계되었으며 언어는 그 도구이므로, 중독되지 않은 상태여도 진실만을 말하기가 어렵다. 하지만 중독 상태에서 거짓말은 흔하고 일반적인 증상이다. 중독 물질과 행동을 은폐하는 것으로 거짓말을 시작하지만, 나중에는 모든 행동을 아우른다.

수년 동안 중독 환자들을 치료하면서 장기적인 회복에 성공하고 유지하는 사람들의 공통점을 찾을 수 있었다. 그들은 중독과 관련 없어 보이는 사소한 일, 특히 자신의 단점에 대해서도 진실을 말하려 노력했다. 스스로 중독 물질과 행동을 끊든, 의사의 도움을 받든, 아니면 '익명의 알코올 중독자들'의 12단계 프로그램 등의 방법을 사용해 끊든 상관없다. 방법이 무엇이든 솔직해져야 회복할 수 있다.

자신의 삶을 진실하게 말하고 잘못된 행동에서 비롯된 직접적인 결과를 경험할 때, 우리는 스스로의 행동을 인식하고 다른 사람에게 끼치는 피해를 깨닫는다. 진실은 거짓말을 할 때는 절대 경험할 수 없는 사실들을 알려준다. 더 진실한 정보에 더 잘 접근하게 되면, 이야기를 전하는 방식도 달라진다(내가 '더 진실한'이라고 말한 이유는 누구나 궁극적인 실체를 파악하는 데 한계가 있기 때문이다. 심지어 진실이 눈앞에 있더라도 파악 능력에 오류가 있을 수 있다).

자기 이야기, 즉 자전적인 서사는 과거를 정리하는 방법이자, 미래를 탐색하는 돋보기다. 진실한 서사는 더 나은 결정을 내리게 하는 로드맵이다. 앞에서도 설명했지만, 보상 경로의 일부인 전두엽 피질은 진실을 말하는 데 관여한다.

신경과학자 크리스티안 러프Christian Ruff는 동료들과 솔직함의 신경생물학적 메커니즘을 연구했다. 연구자들은 145명의 참가자들을 모아 주사위 게임을 진행했는데, 컴퓨터 인터페이스를 사용해 숫자에 돈을 걸고 주사위를 굴렸다. 주사위를 던질 때마다 화면에는 어떤 결과에 돈이 지급될지 표시되었다. 즉, 숫자를 맞히면 최대 90 스위스 프랑(100달러)의 보상을 얻을 수 있었다.

카지노 도박과 다르게 참가자들은 자신이 굴린 주사위 숫자를 거짓으로 말하고 보상을 받을 수 있었다. 연구진은 솔직한 보고 기준을 50퍼센트로 삼고,* 이 기준과 비교해 부정행위의 정도를 계산했다.

실험 결과, 참가자들은 거짓말을 자주 했다. 정직함을 의미하는 보고 기준인 50퍼센트와 비교했을 때, 원하는 숫자가 나왔다고 말한 참가자는 68퍼센트로, 18퍼센트가 거짓을 말하고 보상을 얻었다.

---

* 주사위의 결과는 무작위로 나오기 때문에, 참가자가 원하는 결과를 얻을 확률은 통계적으로 50퍼센트일 거로 가정한다. 정직하게 결과를 보고했다면 주사위를 던졌을 때 절반만 화면에 표시된 숫자가 나와야 한다.

연구진은 참가자들의 전두엽 피질의 신경 흥분성을 높이기 위해 '경두개 직류자극법'transcranial direct current stimulation (tDCS)을 활용해 전기 자극을 주었다. 연구진은 전두엽 피질의 신경 흥분성이 높아지면 거짓말하는 비율이 절반으로 줄어드는 현상을 확인했다. 또한 정직성의 증가는 "물질적인 사리사욕이나 도덕적 신념의 변화로 설명할 수 없었고, 참가자들의 충동성, 위험 감수 성향, 기분과는 무관"함을 알 수 있었다. 연구진은 "인간의 뇌가 복잡한 사회적 행동을 제어하는 메커니즘을 진화시켜 왔다"며, 전두엽 피질을 자극하면 정직성을 강화할 수 있다는 결론을 내렸다.

이 실험을 보고 '역으로' 솔직함을 실천하면 전두엽이 활성화되는지 궁금해졌다. 나는 크리스티안 러프에게 그의 의견을 물었다.

"전두엽 피질을 자극하는 것이 사람들을 더 솔직하게 만든다면, 더 솔직해지면 전두엽 피질이 자극되나요? 사실대로 말하기를 훈련하면 미래 계획, 감정 조절, 지연 보상과 관련된 뇌 부위의 활동성과 흥분성을 강화할 수 있을까요?"

그는 이렇게 답했다. "일리 있는 질문이에요. 확실하게 대답할 순 없겠지만, (솔직함과 관련 있는 전두엽의 작용처럼) 특정 목적을 위한 신경 과정이 반복적으로 사용되면 강화된다는 당신의 직관에 동의합니다. '함께 발화하는 신경세포들은 연결된다'는 도널드 헵Donald Hebb*의 말처럼 대부분의 학습 유형에서 이런 현상이 일어납니다."

솔직해지면 특정 목적을 위한 신경 회로가 강화될 수 있다. 외국어 배우기, 피아노 연주, 스도쿠 마스터를 통하여 다른 신경 회로가 강화되는 것과 마찬가지다.

중독에서 회복 중인 사람들의 생생한 경험을 들어보면 솔직함, 즉 진실을 말하는 습관이 뇌를 변화시킨다는 것을 알 수 있다. 솔직함이 쾌락과 고통의 균형을 더 잘 인식하고, 강박적 과소비를 유발하는 정신 과정을 이해하며, 극복하게 한다.

————

지난 하루, 한 주, 한 달 동안 어떤 거짓말을 했는지 떠올려 보자. 자신의 잘못과 실수를 숨기려고 하게 된 사소한 거짓말도 포함해야 한다. 거짓말했던 사례를 떠올린 후, 어떤 생각과 감정이 그 거짓말을 하게 만들었는지 적어보길 바란다.

그다음, 거짓말을 통해 원하는 결과를 얻었는지 돌아보아야 한다. 그 영향이 긍정적이었는지 부정적이었는지, 그에 대해 어떤 느낌이 들었는지도 꼭 생각해 보아야 한다. 거짓말로 원하는 결

* 캐나다의 심리학자(1904~1985). 신경심리학 분야에 지대한 영향을 미쳤다.

과를 얻었더라도 마음 한편에는 부끄러움이 있을 것이다.

그 순간에 진실을 말했더라면 어떤 기분이 들었을까? 잘못을 인정할 때 어떤 일이 벌어질지 예상하다 보면 두려움이 생긴다. 지레 겁부터 먹게 하는 이 두려움은 주로 우리 행동이 가져올 부정적인 결과, 특히 우리가 아끼는 사람들의 거절을 예상하는 데서 비롯된다.

마지막으로, 다른 사람을 상처 입혔을 때 잘못을 인정하고 솔직하게 말했던 경험이 있다면 떠올려 보자. 당시에 얼마나 두려웠는지 그리고 그 후에 어떤 일이 일어났는지도 생각해야 한다.

거짓말에 관해 성찰하면 수치심의 다양한 사이클을 파악하고, 파괴적인 수치심이 친사회적 수치심과 무엇이 다른지 이해할 수 있다. 예를 들어, 디지털 엔터테인먼트를 과소비하는 문제가 있었던 라일리는 자신이 했던 거짓말에 대해 이렇게 설명했다. "늦은 밤에 장거리 버스를 타고 집으로 가고 있으면서 근처 친구 집에서 잘 거라고 말했다." 불필요해 보이는 거짓말은 라일리의 강박적인 행동과는 무관해 보인다. 사람들은 종종 굳이 거짓말할 필요가 없는 상황에서도 습관적으로 거짓말을 한다. 라일리는 거짓말을 하게 된 동기에 대해 이렇게 썼다. "내가 늦은 시간에 다니는 것 때문에 걱정을 끼치고 싶지 않았다." 다른 사람을 배려하기 위한 거짓말은 진실을 말했을 때 상대가 어떻게 반응할지 알고 있다는 일종의 자만심이 수반된다.

연습: 솔직함과 전두엽 피질

(예시: 라일리)

거짓말한 예	왜 거짓말을 했는가?	거짓말을 했을 때 상대의 반응은 어땠나?	그 반응에 대해 어떤 느낌을 받았나?	진실을 말했다면 어떤 일이 벌어졌을까?	거짓말할 가치가 있었나? 기회가 다시 주어진다면 어떻게 행동하겠는가? 그 이유는?
늦은 밤에 장거리 버스를 타고 집으로 가고 있으면서 근처 친구 집에서 잘 거라고 말했다.	내가 늦은 시간에 다니는 것 때문에 걱정을 끼치고 싶지 않았다.	그들은 딱히 별 생각을 하지 않았다. 전혀 걱정하지 않았다.	내가 실제로 했던 행동을 숨겼기 때문에 그들과 멀어진 것 같았다.	그들이 나를 걱정하는 마음을 표현했을 테고, 나는 그래도 안전하게 귀가 중이니 괜찮다고 말했을 것이다.	다시는 거짓말하지 않겠다. 내가 얻은 거라곤 그들의 걱정을 막을 수 있었다는 것뿐이다. 그리고 늦은 시간에 집으로 가게 된 게 내 책임도 아니었다. 솔직하게 말하고 솔직한 관계를 맺었으면 더 좋았을 것이다. 상대가 걱정할 거라는 이유로 있지도 않은 사실을 만들어내는 건 내 가치관에 반하는 행동이다.

라일리는 거짓말을 한 후의 느낌에 대해 이렇게 적었다. "내가 실제로 했던 행동을 숨겼기 때문에 그들과 멀어진 것 같았다." 우리는 거의 보편적으로 거짓말함으로써 자신과 타인 사이에 틈을 만들고 친밀감을 약화시킨다. 그것이 거짓말의 대가다.

연습: 솔직함과 전두엽 피질

(직접 작성해 보자.)

거짓말한 예	왜 거짓말을 했는가?	거짓말을 했을 때 상대의 반응은 어땠나?	그 반응에 대해 어떤 느낌을 받았나?	진실을 말했다면 어떤 일이 벌어졌을까?	거짓말할 가치가 있었나? 기회가 다시 주어진다면 어떻게 행동하겠는가? 그 이유는?

라일리는 진실을 말했으면 어땠을지 이렇게 적었다. "그들이 나를 걱정하는 마음을 표현했을 테고, 나는 그래도 안전하게 귀가 중이니 괜찮다고 말했을 것이다." 라일리는 거짓말을 하는 것보다 하지 않는 편이 더 낫다는 사실을 통찰했다. 다시 기회가 주어진다면 어떻게 할 것 같으냐는 질문에 라일리는 이렇게 답했다. "다시는 거짓말하지 않겠다. 내가 얻은 거라곤 그들의 걱정을 막을 수 있었다는 것뿐이다. 그리고 늦은 시간에 집으로 가게 된 게 내 책임도 아니었다. 솔직하게 말하고 솔직한 관계를 맺었으면 더 좋았을 것이다. 상대가 걱정할 거라는 이유로 있지도 않은 사실을 만들어내는 건 내 가치관에 반하는 행동이다."

당신은 언제 거짓말을 했는가? 거짓말을 한 이유는 무엇이었나? 그 거짓말에 상대는 어떻게 반응했는가? 상대방의 반응을 보고 어떤 기분이 들었는가? 만약 진실을 말했더라면 어떤 일이 일어났을까? 다시 기회가 주어진다면 어떻게 행동할 것인가?

(2) 솔직함과 친밀감

우리는 다른 사람이 자신의 결점을 발견하면 도망갈 거라고 생각해 거짓말한다. 실제로는 그 반대의 일이 일어난다. 다른 사람에게 마음을 열고 자신의 취약한 모습까지 드러낼 때 관계는 더 친밀해진다. 사람은 모두 결점투성이다. 나뿐만 아니라 저 사람에게도 결점이 있다는 사실을 알게 되면 덜 외롭고 더 친근하게 느껴진다.

우리는 진실을 말하고, 특히 해를 끼친 사람에게 용서받을 때 폭발적으로 친밀감이 상승하고, 도파민이 분비된다. 타인과의 사랑, 엄마와 자식 간의 유대감, 부부 사이에 평생 갖는 유대감 등과 관련된 호르몬 옥시토신Oxytocin은 뇌의 보상 경로에서 도파민 분비 뉴런의 수용체와 결합하여 보상 회로의 활동을 강화한다. 쉽게 말해 옥시토신은 뇌의 도파민을 증가시킨다. 따라서 우리가 진실을 말하고 상대가 우리를 받아들일 때, 뇌에서 옥시토신이 폭발적으로 분비됨에 따라 보상 경로의 도파민 분비를 끌어내고 기분이 좋아지게 만든다.

(3) 솔직함과 풍요로운 사고방식

솔직한 말하기는 전염성이 있다. 거짓말도 마찬가지다. 주위 사람들이 진실을 말하면 우리도 진실을 말할 가능성이 높아지고 보상 심리에 의한 소비를 지연시킬 수 있다. 스탠퍼드 마시멜로 실험을 예로 들어 설명해 보겠다.

스탠퍼드대학교의 마시멜로 실험은 1960년대 후반 심리학자 월터 미셸Walter Mischel이 지휘한 지연 보상 연구다. 이 실험은 3세에서 6세 사이의 어린이들을 대상으로 이루어졌다. 아이들에겐 두 가지 선택권이 있었다. 첫 번째는 즉시 주어지는 한 개의 보상(마시멜로 한 개)을 취하는 것이고 두 번째는 마시멜로를 먹지 않고

15분을 기다려 두 개의 보상(마시멜로 두 개)을 얻는 것이다. 아이들이 실험에 참여하는 동안 연구자는 아이가 혼자 있을 수 있게 자리를 비웠다. 따라서 방 안에는 마시멜로와 실험에 참여한 아이를 제외하고 어떤 방해 요소도 없었다. 마시멜로만 탁자 위 접시에 놓여 있었다.

연구의 목적은 아이들에게 지연 보상 능력이 언제부터 발생하는지 알아보기 위함이었다. 또한 지연 보상 능력의 발달 또는 부족 여부가 현실적으로 아이들의 삶에 어떤 영향을 미치는지 파악하고자 했다.

마시멜로 실험에 참여한 100명의 아이들 중 1/3이 두 번째 마시멜로를 얻기 위해 기다렸다. 나이가 중요한 요인이었다. 3세보다 6세가 보상에 관한 지연 능력이 더 뛰어났다. 그렇다고 나이가 모든 걸 설명하진 않았다. 후속 연구에 따르면 두 번째 마시멜로를 얻기 위해 참고 기다린 아이들이 상대적으로 좋은 SAT 점수와 높은 학업 성취도를 보였으며 전반적으로 인지 능력과 사회적 적응력이 뛰어난 청소년으로 성장했다.

2012년에 로체스터대학교의 연구진들은 다시 마시멜로 실험을 진행했다. 하지만 중요한 조건 한 가지를 바꾸었다. 전제 조건은 모두 같았다. 한 개의 마시멜로를 주고 15분 뒤에도 먹지 않고 참으면 두 개의 마시멜로를 주겠다고 했다. 거기에 15분이 지나기 전에 연구원이 돌아오기를 원한다면 책상 위에 있는 벨을 누르라는 조건이 추가되었다.

A 그룹의 어린이들이 벨을 눌렀을 땐 연구진이 돌아왔다. 반면에 B 그룹이 벨을 눌렀을 땐 돌아오지 않았다. 연구진이 돌아온 A 그룹의 어린이들은 약속이 깨진 경험을 한 B 그룹의 어린이들보다 두 번째 마시멜로를 받기 위해 4배 더 오래(12분) 기다렸다. 반면, 약속이 깨진 경험을 한 어린이들은 충동에 더 빠르게 노출되었다. 이 결과를 어떻게 이해할 수 있을까?

우리는 주변 사람들을 신뢰할 수 있고, 주변 사람들이 우리에게 진실을 말할 때 세상과 미래에 대한 자신감과 긍정적인 기대를 품는다. 이 세상이 질서 있고 예측 가능하며 안전한 곳이라고 믿게 된다. 심지어 무언가가 부족하더라도 상황이 나아질 거라고 확신하며 미래의 보상을 기다릴 수 있다. 이것이 바로 풍요로운 사고방식이다.

주변 사람들이 거짓말을 일삼고 약속을 지키지 않는다면, 우리는 미래에 대한 신뢰와 자신감을 잃는다. 세상은 질서가 흐트러지고 예측 불가능한 위험이 도사리는 곳으로 변한다. 실제로 자신이 가지고 있는 가치나 자원과 상관없이 장기적 이득보다 눈앞의 이득만을 우선시하는 경쟁적인 생존 방식을 취하게 된다. 이것이 결핍의 사고방식이다.

(4) 솔직함과 친사회적 수치심

수치심은 자기혐오와 버림받음에 대한 두려움이 결합된 강력한 감정이다. 우리는 수치심을 피하기 위해 많은 노력을 하며, 여기에는 중독된 물질 및 행동의 소비량, 소비 방법, 소비 빈도에 대한 거짓말까지 포함된다.

수치심을 피하기 위한 거짓말은 역설적이게도 수치심을 더한다. 다른 사람에게 정직하지 않았다는 사실이 양심을 툭툭 건드려서다. 아무렇지 않은 척해도 양심에 찔린다. 소비에 대한 수치심에 거짓말에 대한 수치심이 더해지면 복합적인 수치심이 된다. 복합적인 수치심은 개인의 고립을 초래하고 고립된 상태로는 중

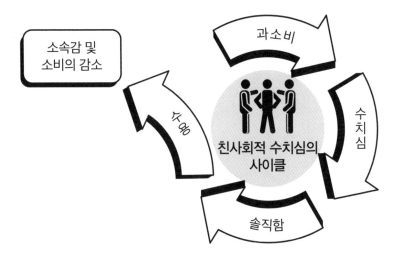

독에 더 쉽고 빠르게 노출된다. 파괴적인 수치심은 중독을 영속시키는 악순환을 만든다. 중독 물질과 행동이 수치심을 가려주고 고립된 사람을 위로하는 수단이 된다.

신뢰할 수 있는 공동체에서 진실을 말하면, 친사회적 수치심의 기회를 만들 수 있다. 친사회적 수치심은 수치심이 잘못된 행동을 경고하고, 그 행동을 반복하지 않게 도와준다는 점에서 유용하다. 친사회적 수치심은 두 가지 조건을 필요로 한다.

첫 번째는 솔직함의 실천이다. 두 번째는 수치심을 느낀 후 어떻게 하면 되는지 구체적인 단계를 세공하는 포용적인 공동체다. 포용적 공동체에서 진실을 말함으로써 수치심을 소화하고, 친밀감을 증진하며, 나아갈 수 있다. 예를 들어, '익명의 알코올 중독자들'의 12단계 프로그램은 단계를 하나씩 밟아가야 행동을 바꾸고 수정할 수 있다. 마찬가지로 특정한 종교나 전통적인 의식에서도 행동을 변화시킬 구체적인 행동과 참회 절차를 제공한다.

———

6장이 유의미하게 다가왔다면, '익명의 알코올 중독자들'의 12단계 프로그램의 심화 버전이 흥미로울 것이다. 익명의 알코올 중독자들은 '4단계 인벤토리'를 사용한다. 과거의 사건을 돌아보고 자신의 성격적 결함, 단점, 두려움으로 인해 어떤 문제가 생겼는지 솔직하게 살펴보는 과정이다. 이때 의도는 중요하지 않다. 고의가 아니었더라도 다른 사람에게 어떻게 해를 끼쳤는지가 중점이다. 이미 일어난 일을 명확하게 파악하기 위해 철저히 솔직해지는 것이다.

먼저, '당신을 화나게 하는 사람, 장소, 물건'을 살펴보아야 한다. 최대한 다양하고 많은 항목을 떠올리면 좋다. 이 단계의 작업을 먼저 완료해야 다음 단계로 넘어갈 수 있다. 하나의 사람, 장소, 사물 또는 사건에만 집중하고 싶다면 그렇게 해도 좋다. 설명이 지나치게 상세할 필요는 없으니 간단히 적으면 된다.

두 번째는 '개인 또는 단체가 당신을 화나게 한 일'을 살펴보면 된다. 왜 그들에게 화가 났는가? 어쩌면 그들이 당신을 모욕했을 수도, 당신에게 빚을 졌을지도, 당신과의 약속을 어겼을지도 모른다. 이 단계에서는 타인을 향한 분노에 초점을 맞춘다. 분노가 수치심을 가리는 가면이 되기도 한다는 점에서 타인을 향한 분노에 주목할 필요가 있다. 분노를 잘 조절하고 개선하기 위해서라도 수치심과 자기혐오감을 극복해야 한다.

세 번째로는 '상대방의 행동이 미친 영향'을 살펴보아야 한다. 당신의 분노 뒤에 숨은 감정은 무엇인가? 여기서는 우리의 핵심 정체성이 위협받는 방식, 즉 자아가 상처를 입는 방식이 주된 주제다. 어쩌면 그들이 당신을 불완전하거나, 결함이 있거나, 원치 않는 사람으로 느끼게 만들었을지도 모른다.

마지막으로, '문제에 기여한 당신의 행동'이 있는지 돌아보아야 한다. 상황을 악화시킨 당신의 구체적인 잘못은 무엇인가? 그들에게 완전히 솔직하지 않았거나, 약속을 지키지 않았거나, 비현실적인 기대를 하고 있었거나, 탈출구를 주지 않았을 수 있다. 또 어쩌면 당신은 그저 그 자리에 있었을 뿐, 정말로 아무 잘못도 하지 않았을 수도 있다. 하지만 우리는 대부분 자기를 보호하고 자기의 행동을 책임지지 않으려는 경향이 있다.

이 네 단계를 통하면 스스로를 더 잘 이해하고, 그 이해를 바탕으로 더 나은 결정을 내릴 수 있다.

라일리는 '나를 화나게 만드는 사람, 장소, 사물'에 대해 이렇게 적었다. "아빠", "나를 불합격시킨 대학들", "레이철(사귀었던 여성)". 라일리의 아버지는 라일리가 어렸을 때 사소한 실수에도 벌컥 화를 냈고, 라일리가 지원한 대학들은 라일리를 불합격시켰고, 라일리의 여자친구 레이철은 라일리와 헤어지기로 결심했다. 이로 인해 라일리는 평생 실수할지 모른다는 두려움과 불완전함에 대한 두려움을 느꼈고(아빠), 원하는 대학에 가지 못해 분노했고(불합격시킨 대학들), 자신이 중요하고 친밀하다고 느낀 관계에서 본인이 무가치하다는 수치심(레이철)을 경험했다.

이제 가장 어려운 부분이다. 라일리는 문제에 어떻게 기여했을까? 라일리는 아빠에 관해 이렇게 적었다. "나는 그저 실수를 저지른 아이였을 뿐이다. 그 순간에는 내가 문제를 일으켰다고 생각하지 않는다. 하지만 아빠에게 복수해서 기분을 나빠지게 만들고 싶었다." 자신을 불합격시킨 대학들에 대해서는 이렇게 적었다. "나를 불합격시킨 대학들이 잘못했다고 느꼈다. 나를 합격시키는 것만이 정당하고 나를 불합격시키는 것은 부당하다고 여겼다." 레이철에 대해서는 이렇게 적었다. "그녀가 나와 헤어진 유일한 이유는 내 불완전함 때문이라고 생각했다. 한편, 레이철이 그런 결정을 내리게 만들 정도의 결점이 내게 있을 리 없으니 그녀의 잘못이라고 보았다. 나는 자기중심적이고 잘못된 생각을 하고 있었다."

반성 과정을 거친 후, 라일리는 자신의 성격적 결함과 부적응적인 대처 전략에 대해 다음과 같은 결론을 내렸다. "다른 사람들

연습: 회고적인 솔직함

(예시: 라일리)

나를 화나게 만드는 사람, 장소, 물건	그들이 나에게 한 일	그들의 행동이 나에게 영향을 준 방식	내가 문제에 기여한 부분	내 성격적 결함의 특징(스스로를 보호하려고 시도하는 부적응적인 방식)
아빠	어렸을 때 사소한 실수에도 벌컥 화를 냈다.	일부러 한 것이 아닌 실수로 꾸중을 들어서 슬펐고, 무시당했다는 느낌에 화가 났다. 또 같은 실수를 저지를까 봐 두려웠다. 내가 불완전한 존재라는 두려움을 느꼈다.	나는 그저 실수를 저지른 아이였을 뿐이다. 그 순간에는 내가 문제를 일으켰다고 생각하지 않는다. 하지만 아빠에게 복수해서 기분을 나빠지게 만들고 싶었다.	다른 사람들이 내 바람과 다른 결정을 내릴 때, 나는 자기중심적으로 상황을 판단한다. 나는 종종 뜻대로 되지 않는 사람들에게 분노한다. 그들에게 되갚아주고 싶어 하거나, 자기 연민에 빠지고, 아니면 둘 다.
나를 불합격시킨 대학들	대학에 나를 불합격시켰다.	내가 입학하고 싶었던 어떤 기관에서도 공부할 수 없었다.	나를 불합격시킨 대학들이 잘못했다고 느꼈다. 나를 합격시키는 것만이 정당하고 나를 불합격시키는 것은 부당하다고 여겼다.	
레이철	나와 헤어지기로 했다.	아끼던 사람과의 친밀한 관계를 잃었다. 내가 불완전해서 그녀가 이별을 결심했다는 생각이 들어서 수치심과 슬픔을 느꼈다.	그녀가 나와 헤어진 유일한 이유는 내 불완전함 때문이라고 생각했다. 한편, 그녀가 그런 결정을 내리게 만들 정도의 결점이 내게 있을 리 없으니 그녀의 잘못이라고 보았다. 나는 자기중심적이고 잘못된 생각을 하고 있었다.	

174

이 내 바람과 다른 결정을 내릴 때, 나는 자기중심적으로 상황을 판단한다. 나는 종종 뜻대로 되지 않는 사람들에게 분노한다. 그들에게 되갚아주고 싶어 하거나, 자기 연민에 빠지고, 아니면 둘 다다."

라일리와 달리 앤디는 전처에 대한 분노와 원망이라는 한 가지 항목에 집중하기로 했다. 앤디는 분노의 원인을 돌아보며 이렇게 적었다. "전처가 50 대 50 양육권 합의를 60 대 40으로 번복했다." 양육권은 그에게 다음과 같은 영향을 주었다. "나에겐 내가 '좋은 아빠'라는 사실이 핵심적인 정체성이었다. 그런데 전처가 동등한 양육권 분할을 거부함에 따라 내가 가치 없는 아빠가 된 것 같았다. 또한 딸과 보내는 시간이 줄어들어 딸을 자주 보지 못해 슬펐다."

앤디는 스스로가 문제에 어떻게 기여했는지 반성하면서 이렇게 적었다. "먼저 이혼 얘기를 꺼낸 것은 나였고, 전처는 그에 대해 매우 분노했다. 나는 결혼 생활을 하는 동안 일을 하느라 바빴다. 그리고 육아에 더 적극적으로 참여했다면 좋았을 것이다." 자신을 돌아보는 연습을 통해 앤디는 자신의 성격적 결함에 대한 다음의 통찰을 얻었다. "결혼 생활을 하는 동안 딸에게 더 집중하고 육아에 참여할 수 있었다는 사실을 인정하지 않고 전처를 탓하고 그녀에게 화를 냈다. 나는 현실을 고려하기보다는 양육권 권한을 동등하게 인정받지 못했을 경우 가족과 친구들에게 비추

연습: 회고적인 솔직함

(예시: 앤디)

나를 화나게 만드는 사람, 장소, 물건	그들이 나에게 한 일	그들의 행동이 나에게 영향을 준 방식	내가 문제에 기여한 부분	내 성격적 결함의 특징(스스로를 보호하려고 시도하는 부적응적인 방식)
전처	전처가 50 대 50 양육권 합의를 60 대 40으로 번복했다.	나에겐 내가 '좋은 아빠'라는 사실이 핵심적인 정체성이었다. 그런데 전처가 동등한 양육권 분할을 거부함에 따라 내가 가치 없는 아빠가 된 것 같았다. 또한 딸과 보내는 시간이 줄어들어 딸을 자주 보지 못해 슬펐다.	먼저 이혼 얘기를 꺼낸 것은 나였고, 전처는 그에 대해 매우 분노했다. 나는 결혼 생활을 하는 동안 일을 하느라 바빴다. 그리고 육아에 더 적극적으로 참여했다면 좋았을 것이다.	결혼 생활을 하는 동안 딸에게 더 집중하고 육아에 참여할 수 있었다는 사실을 인정하지 않고 전처를 탓하고 그녀에게 화를 냈다. 나는 현실을 고려하기보다는 양육권 권한을 동등하게 인정받지 못했을 경우 가족과 친구들에게 비추어질 나쁜 이미지를 더 걱정했다. 이미지를 정직함보다 우선시하는 것이 나의 성격적 결함이다.

어질 나쁜 이미지를 더 걱정했다. 이미지를 정직함보다 우선시하는 것이 나의 성격적 결함이다."

이제 당신 차례다. 분노나 억울함을 느꼈던 사람, 장소, 물건을 떠올려 보자. 그다음 그러한 감정을 불러일으킨 그들의 행동이 무엇이었는지, 그들의 행동이 당신과 당신의 삶에 어떤 영향을 미쳤는지, 당신이 문제에 기여한 부분은 무엇인지 설명해 보라. 마지막으로, 작성한 모든 내용을 검토하고 당신의 성격적 결함, 상처받을 때 자기를 보호하기 위해 한 부적응적인 방식에 공통적인 특징이 있는지 점검하자.

나는 수십 년 동안 솔직함이 환자들의 삶에 미치는 긍정적인 영향을 목격했다. 솔직함은 도파민 과잉 시대에 강박적 과소비를 줄이고, 만족스럽고 균형 잡힌 삶을 살게 한다. 나는 솔직하게 살기 위해 노력한다. 물론 항상 성공하진 않는다. 사실은 매일이 투쟁이다. 실패와 투쟁 속에서도 스스로에게 정직할 때 나는 나의 인생이 더 나아진다고 느낀다.

솔직함에 대한 마지막 주의 사항이 있다. 진실을 말하는 것이 다른 사람을 상처 입히고, 다른 긍정적인 결과를 가져다주지 않는다면 진실을 말하지 않아도 괜찮다. 하지만 주의해야 한다. 우리는 온갖 이유를 내세우며 거짓말을 계속하기 위해 스스로를 합리화한다. 그럼에도 불구하고 가끔은 거짓말이 필요하다.

연습: 회고적인 솔직함

(직접 작성해 보자.)

나를 화나게 만드는 사람, 장소, 물건	그들이 나에게 한 일	그들의 행동이 나에게 영향을 준 방식	내가 문제에 기여한 부분	내 성격적 결함의 특징(스스로를 보호하려고 시도하는 부적응적인 방식)

요약 ————

- 거짓말하는 습관 또한 강박적 과소비의 일부분이다.
- 최대한 모든 것에 적극적으로 진실을 말하는 솔직한 태도가 통찰력, 친밀감, 풍요로운 사고방식, 소속감을 촉진한다. 친사회적 수치심이 라고도 한다.
- 과거의 경험에 솔직함을 적용하면 삶을 더 진실하고 자전적인 서사 로 만들 수 있다. 이는 스스로의 성격적 결함과 자신이 문제에 어떻 게 기여했는지 이해하는 데 도움이 된다.

  도파민 디톡스가 거의 끝날 무렵에 7장으로 넘어가기를 권 한다. 이 책을 끝까지 빠르게 읽고, 도파민 디톡스를 시작한 후 에 7장을 다시 읽는 것도 좋다.

7 장

———

다음 단계

 = Data

 = Objectives

 = Problems

 = Abstinence and Asceticism

 = Mindfulness

 = Insight and Radical Honesty

 = **Next Steps**

 = Experiment

DOPAMINE의 N은 **다음 단계**Next Step다. 7장을 시작할 무렵에는 도파민 디톡스가 거의 끝나가고 있어야 한다. 7장의 목적은 도파민 디톡스를 마친 후의 계획 세우기다. 그럼 지금까지의 상황을 점검하고 앞으로 무엇을 할지 생각해 보자.

일정 기간 중독 물질이나 행동을 끊으면서 어떤 점이 좋았고 나빴는가? 앤디는 장점 목록은 긴 반면 단점 목록은 짧았는데, 많은 사람이 그와 비슷하다. 앤디는 도파민 디톡스의 장점에 대해 이렇게 적었다. "관계에 더 많은 시간을 할애했더니 기분이 더 나아졌다." "솔직해지는 것이 점점 더 쉬워지고 있다." "전반적으로 시간이 더 많아지고 더 많은 일을 해내고 있다." "불안감, 죄책감, 수치심이 줄었다." "몸이 덜 아프고 덜 피곤하다." "육체적으로 지치지 않은 상태이다 보니 집중이 잘 되고, 열심히 일할 수 있고, 창의적이고 지적인 작업을 하는 데 필요한 에너지가 많아졌다." "변화와 절제를 통해 앞으로 더 행복하고, 덜 고통스러우며, 더 나은 삶을 살 수 있다는 희망이 생겼다."

단점에 대해서는 이렇게 적었다. "이제 친구들과 함께 헬스장에 가지 않는다. 친구들을 만나지 못하니 집단에 속해 있는 것 같지 않다." "운동을 더 하면 몸매가 더 좋아질 수 있을 거라는 불안하고 초조한 기분이 든다." "시간과 감정을 다르게 관리해야 한다는 부담감이 있다."

도파민 디톡스를 완료한 후의 장점과 단점을 나열해 보자.

내 임상 경험에 따르면, 도파민 디톡스를 성공적으로 완료한 환자의 약 80퍼센트가 단점보다 장점을 더 많이 느꼈다. 80퍼센트 중에는 처음 나를 찾게 만든 중독 증상이 완전히 해결된 환자들이 포함되어 있었다. 대부분은 여전히 중독되었던 물질이나 행동으로 돌아가고 싶어 하지만, 전보다 더 적게 사용하려는 경향을 보였다. 실제로 그들은 일정 기간 동안 중독 물질이나 행동을 더 적게 사용했고, 더 건강한 관계를 맺고 싶어 했다. 나머지 20퍼센트는 장점보다 단점을 더 많이 느꼈다. 이들은 동반된 정신 질환, 지속적인 외상 스트레스 등과 같은 다른 인과적 요인을 고려해야 했다.

목표가 절제든 지속적 금욕이든 앞으로 중독 물질과 행동을 어떻게 사용할지 구체적인 계획을 세워야 한다. 사용량, 시기, 사용 상황을 세부적으로 정하고, 계획에서 벗어날 경우의 위험 신호를 정의하고, 소비를 유발하는 요인을 줄이기 위한 자기 구속 전략이 필요하다.

연습: 도파민 디톡스를 마친 후의 장점 및 단점

(예시: 앤디)

도파민 디톡스의 장점	도파민 디톡스의 단점
관계에 더 많은 시간을 할애했더니 기분이 더 나아졌다.	이제 친구들과 함께 헬스장에 가지 않는다. 친구들을 만나지 못하니 집단에 속해 있는 것 같지 않다.
솔직해지는 것이 점점 더 쉬워지고 있다.	운동을 더 하면 몸매가 더 좋아질 수 있을 거라는 불안하고 초조한 기분이 든다.
전반적으로 시간이 더 많아지고 더 많은 일을 해내고 있다.	시간과 감정을 다르게 관리해야 한다는 부담감이 있다.
불안감, 죄책감, 수치심이 줄었다.	
몸이 덜 아프고 덜 피곤하다.	
육체적으로 지치지 않은 상태이다 보니 집중이 잘 되고, 열심히 일할 수 있고, 창의적이고 지적인 작업을 하는 데 필요한 에너지가 더 많아졌다.	
변화와 절제를 통해 앞으로 더 행복하고, 덜 고통스러우며, 더 나은 삶을 살 수 있다는 희망이 생겼다.	

연습: 도파민 디톡스를 마친 후의 장점 및 단점

(직접 작성해 보자.)

도파민 디톡스의 장점	도파민 디톡스의 단점

저스틴은 한 달 동안 비디오 게임을 끊었고 그 덕에 기분이 훨씬 나아졌다. 더 이상 자살 충동을 느끼지 않았고, 불안감도 줄었으며, 친구나 가족과도 잘 어울렸다. 책을 읽고, 반려견과 공놀이를 하는 일상의 소소한 즐거움도 다시 누리게 되었다. 그는 이런 긍정적 결과를 더 확실히 이어가기 위해 도파민 디톡스 기간을 3개월로 늘리기로 결심했지만, 결국 다시 비디오 게임이 하고 싶어졌다. 그래서 다음과 같은 계획을 세우고 실천했다.

첫 번째, 비디오 게임 사용 시간을 주 2일 이하, 하루 2시간 이하로 제한했다. 횟수를 제한해 그렘린들이 떠나가게 하고 쾌락-고통의 균형을 회복할 수 있는 충분한 시간을 확보했다.

두 번째, 중독성이 강해서 한번 시작하면 멈출 수 없는 비디오 게임은 피했다. 그렇게 한 번에 감당하기 힘들 정도로 많은 그렘린이 저울에 몰려드는 것을 방지했다. 또, 저스틴은 게임과 학업에 쓰이는 도구를 물리적으로 구분하기 위해 게임용 노트북과 학업용 노트북을 따로 사용했다.

마지막으로, 게임을 통해 사회적 관계를 강화하는 방법을 찾았다. 낯선 사람들과는 절대 게임하지 않고 친구들과만 게임을 하기로 결심했다. 인간관계야말로 그 자체로 도파민의 강력하고 적응력 있는 공급원이다.

당신은 어떤가? 어떻게 계속 도파민 디톡스를 이어갈 것인가? 목표가 절제라면 원하는 물질이나 행동을 건강하게 사용할 수 있는 방법을 생각해 보라. 무엇을 사용하겠는가? 얼마만큼? 얼마나 자주? 어떤 상황에서? 건강한 궤도에서 벗어나고 있음을 알려주는 경고 신호는 무엇인가? 성공을 최적화하기 위해 어떤 자기 구속 전략을 활용할 것인가?

연습: 사용에 대한 미래 계획

(직접 작성해 보자.)

약물	얼마만큼 (시간 기준, 비디오 게임 같은 과정 중독의 경우)	얼마나 자주	어떤 상황에서	경고 신호	자기 구속 전략

요약 ─────

- 도파민 디톡스에는 저마다의 장점과 단점이 있다. 단점보다 장점이 더 많기를 바라지만, 그렇지 않더라도 그 과정에서 자신을 더 잘 알게 되었다는 점에서 충분히 유용하다.
- 4주 도파민 디톡스를 마친 후에도 계속 디톡스를 하고 싶거나, 중독 물질이나 행동의 사용을 자제하고 싶을 수 있다. 어떤 결정을 내리든 금욕 또는 절제된 사용을 위한 방법을 상세하게 살펴보고 계획을 세워야 한다. 여기에는 재발 경고 신호와 성공을 최적화하기 위한 자기 구속 전략이 포함된다.

다음은 이 책의 마지막 장이다. 지금까지 세운 구체적인 계획을 실제로 시도해 보고 그 결과를 살펴보는 단계다. 수치심을 느끼거나 비난당할 일은 없다. 모든 과정이 배움의 요소로 가득한 데이터에 불과하다.

8장

실험

= Data

O = Objectives

P = Problems

A = Abstinence and Asceticism

M = Mindfulness

I = Insight and Radical Honesty

N = Next Steps

E = Experiment

DOPAMINE의 마지막 알파벳 E는 **실험**Experiment이다. 절제나 금욕에 대한 구체적인 계획을 세웠다면, 목표가 무엇이든 다시 세상으로 나가 어떤 일이 일어나는지 지켜볼 차례다. 우리 중 일부는 계획을 잘 지킨다. 도파민 디톡스가 끝나자마자 중독이 재발하여 전보다 더 많이 사용하는 사람도 있을 것이다. 이를 금욕 위반 효과abstinence violation effect라고 부른다.

대부분은 그 가운데에 위치한다. 완전히 소비를 멈추진 못했어도 전보다 덜 사용한다. 그러니 자기 구속 전략을 지속적으로 조정하고, 자기와 타인에게 책임감을 가질 수 있도록 솔직해져야 한다.

나는 저스틴의 방식을 따랐다. 여전히 유튜브를 시청하지만, 주 2일 이하, 하루 2시간 이하로 제한하고, 가능하면 친구들, 가족과 함께 유튜브를 보려고 노력한다. 순간적으로는 기분이 좋아져도 결국 기분이 나빠지는 특정 유형의 동영상은 피한다. 절제력이 떨어지는 늦은 시간에는 유튜브를 보지 않는다. 대신 책을 읽으려고 노력하고 로맨스 소설은 아예 멀리한다. 로맨스 소설은 읽을 때는 재밌어도 읽고 나면 기분이 나빠지기 때문이다.

현재 적절한 균형을 유지하고 있더라도, 꾸준히 노력해야 한다. 이 책에서는 이러한 균형을 시소에 비유했다. 사실은 곡예사가 큰 공 위에 올라가 균형을 잡는 것과 더 비슷하다. 떨어지지 않으려면 발과 몸의 자세를 계속해서 미세하게 조정해야 한다.

다음 마지막 연습에서는 강박적 과소비를 관리하기 위해 사용해 온 전략을 나열하면 된다. 무엇이 효과적이었고 무엇이 효과적이지 않았는지, 개선하기 위해 지금 당장 보강하고 변경할 수 있는 한두 가지의 변화로 무엇이 있는지 적어보자.

연습: 효과적인 것, 효과가 없는 것, 당신이 만들 수 있는 작은 변화

(직접 작성해 보자.)

효과적인 것	효과가 없는 것	보강하고 변경할 수 있는 항목

이제 도파민 디톡스를 위한 내용을 모두 마쳤다. 절대 포기하지 않기를 바란다. 중요한 것은 완벽함이 아닌 실천이다. 그냥 계속하면 된다. 만약 넘어진다면 다시 일어나서 시도하라.

D = 데이터

O = 목표

P = 문제

A = 절제와 금욕주의

M = 마음 챙김

I = 통찰과 솔직함

N = 다음 단계

E = 실험

요약: 저울의 교훈 ─────

- 쾌락을 끊임없이 추구하면 고통으로 이어진다.

- 회복은 금욕(도파민 디톡스)으로 시작된다.

- 금욕은 뇌의 보상 경로를 재설정한다. 뇌의 보상 경로가 재설정되면 더 단순한 즐거움에서 기쁨을 느끼는 능력을 회복한다.

- 도파민 과잉 시대에 욕구와 소비 사이의 물리적인 메타인지 장벽을 만드는 자기 구속은 반드시 필요하다.

- (『도파민네이션』에서 논의했듯) 약물은 항상성 회복을 도울 수 있지만, 고통을 약으로 치료할 때 무엇을 잃을 수 있는지도 고려해야 한다.

- 고통 쪽에 무게를 더하면 저울이 쾌락 쪽으로 기울어지며 보상 경로가 재설정된다.

- 고통에도 중독될 수 있다.

- 솔직함은 의식을 높이고, 친밀감을 강화하며, 풍요로운 사고방식을 증진한다.

- 친사회적 수치심은 우리가 인간 공동체에 속해 있음을 확인해 준다.

- 세상에서 도망치는 대신에 그 안으로 뛰어들어라. 바로 거기에 탈출구가 있다.

감사의 말

『도파민 디톡스』는 많은 사람의 도움으로 탄생했다. 『도파민네이션』의 독자들은 책에서 논의한 아이디어를 보강할 수 있는 실용적인 책을 만들어달라고 꾸준히 요청해 왔다. 그들의 편지와 이메일이 이 책을 집필할 수 있는 원동력이 되었다. 독자들의 끊임없는 지지와 관심이 없었다면 이 책을 쓸 시간과 의욕을 내지 못했을 것이다. 꼭 감사 인사를 하고 싶다. 원고를 쓰고 수정하는 동안 원고를 읽고 여러 제안과 비판을 해준 스티브 바첼더, 스티븐 마이클 크레인, E. J. 이아넬리, 로드 젭슨, 잭 카츠, 조 폴란드, 스콧 리드 대령, 스티븐 E. 로드리게스 중령에게 감사의 마음을 전한다. 덕분에 이 책이 훨씬 더 나아졌다. 에이전트인 보니 솔로우, Dutton의 편집자인 스티븐 모로, 질 슈워츠먼, 그리고 『도파민네이션』과 『도파민 디톡스』를 여러 모로 지원해 준 Dutton 직원 여러분께 고마움을 전한다. 원본 삽화를 맡아준 뎁 맥캐롤, 흐름출판의 디자이너 안수진, 삽화를 워크북에 맞게 수정해 준 폴 지라드에게 특히나 감사하다. 마지막으로, 이 책에 자신들의 회복 과정을 사용할 수 있도록 허락해 준 많은 환자와 독자들이 있다. 여러분은 나의 영웅이다.

The Official
Dopamine Nation Workbook

| 옮긴이 | 고빛샘

고려대학교 심리학과를 졸업하고 심리 및 경영 분야 전문 번역가로
활동 중이다. 옮긴 책으로 『홀로서기를 위한 심리학』, 『마음과 성공』,
『빨래하는 페미니즘』 등이 있다.

도파민 디톡스

초판 1쇄 발행 2024년 10월 30일
초판 2쇄 발행 2024년 11월 29일

지은이 애나 렘키
옮긴이 고빛샘
펴낸이 유정연

이사 김귀분
책임편집 정유진 **기획편집** 신성식 조현주 유리슬아 서옥수 황서연 **디자인** 안수진 기경란
마케팅 반지영 박중혁 하유정 **제작** 임정호 **경영지원** 박소영

펴낸곳 흐름출판(주) **출판등록** 제313-2003-199호(2003년 5월 28일)
주소 서울시 마포구 월드컵북로5길 48-9(서교동)
전화 (02)325-4944 **팩스** (02)325-4945 **이메일** book@hbooks.co.kr
홈페이지 http://www.hbooks.co.kr **블로그** blog.naver.com/nextwave7
출력·인쇄·제본 (주)삼광프린팅 **용지** 월드페이퍼(주) **후가공** (주)이지앤비(특허 제10-1081185호)

ISBN 978-89-6596-664-7 03180